培根铸魂　启智增慧丛书

姚喜双◎主编

成语典故中的
"五个突出特性"

姜瑞林◎主编

辽宁人民出版社

© 姜瑞林 2024

图书在版编目（CIP）数据

成语典故中的"五个突出特性" / 姜瑞林主编 . — 沈阳：
辽宁人民出版社，2024.7. —（培根铸魂 启智增慧丛书 /
姚喜双主编）. —ISBN 978-7-205-11254-7

Ⅰ . H136.31

中国国家版本馆 CIP 数据核字第 2024056Z00 号

出版发行：辽宁人民出版社
　　　　　地址：沈阳市和平区十一纬路25号　邮编：110003
　　　　　电话：024-23284325（邮　购）　　024-23284300（发行部）
　　　　　http：//www.lnpph.com.cn
印　　　刷：辽宁一诺广告印务有限公司
幅面尺寸：170mm×240mm
印　　张：14.75
字　　数：200千字
出版时间：2024年7月第1版
印刷时间：2024年7月第1次印刷
责任编辑：张天恒　王晓筱
装帧设计：书舟设计
责任校对：吴艳杰
书　　号：ISBN 978-7-205-11254-7

定　　价：68.00元

编　委　会

序

习近平总书记在 2023 年 6 月 2 日召开的文化传承发展座谈会上强调，在新的起点上继续推动文化繁荣、建设文化强国、建设中华民族现代文明，是我们在新时代新的文化使命。因此，我们要坚定文化自信，担当使命，奋发有为，共同努力创造属于这个时代的新文化。

中华优秀传统文化是中华民族发展历程中赓续民族血脉基因、凝聚民族思想共识、汇集民族意志品格、孕育民族前进力量的最重要、最自然、最本色的主体性精神力量。中华优秀传统文化在中华民族几千年的发展演进中形成了以连续性、创新性、统一性、包容性、和平性为鲜明特征的五个突出特性，这五个突出特性相互作用、深度融合、良性发展，积淀为中华民族生命力、创造力、发展力的基因密码，为古老的中华文明在新时代实现创造性转化和创新性发展提供了无限可能。

作为中华优秀传统文化宝库里的璀璨明珠，中华成语在中华文明的传承演进和发展进步中发挥着重要的作用。中华成语以生动形象的故事实现以事喻理、以文化人，发挥其立德树人的作用；中华成语以口口相传的形式实现古今传承、与时俱进，发挥其寓教于乐的作用；中华成语以深入浅出的哲理实现文以载道、点石成金，发挥其哲学思辨的作用。因此，我们迫切需要深入挖掘中华成语宝贵的历史积淀，探寻成语典故及其背后的故事，在新时代语境下提炼其精髓与要义，将它们融入中国式现代化和文化强国的建设之中。

本书是"培根铸魂　启智增慧"丛书的第二本，编者从中华成语视角出发，对鲜明体现中华文明五个突出特性的成语进行了筛选与梳理，共选取了六十条成语。编写时，本书以"五个突出特性"为单元，围绕"五个突出特性"对成语的基本涵义及所承载的历史典故、文化内涵、哲学原理、现实意义进行了系统阐释，沿袭了《成语典故中的"六个必须坚持"》一书中"成语出处""成语释义""成语典故""哲学解读""现实意义"的编写体例。编写本书的主要动机有三点：

一、学习贯彻习近平总书记重要讲话精神的必然要求

习近平总书记在文化传承发展座谈会上对中华优秀传统文化的五个突出特性进行了精辟阐述，明确指出在五千多年中华文明深厚基础上开辟和发展中国特色社会主义，把马克思主义基本原理同中国具体实际、同中华优秀传统文化相结合是必由之路。中华成语是承载和体现中华优秀传统文化五个突出特性的典范和代表。对中华成语进行系统梳理，是弘扬中华优秀传统文化五个突出特性，激活其深厚历史底蕴和无限活力，建设新时代中国特色社会主义文明新形态的有益探索。

二、推动中华成语古为今用，助力建设文化强国的必然要求

成语是中华优秀传统文化的重要品牌标识，寥寥数字却包含着丰富而深刻的文化思想内涵，言简意赅却承载着厚重的历史智慧和人生哲理。如"继

往开来""锲而不舍""薪火相传""与时俱进""一脉相承"等成语生动体现了中华文明突出的连续性;"日新月异""推陈出新""竿头日进""新益求新""万象更新"等成语形象体现了中华文明突出的创新性;"和而不同""融会贯通""相辅相成""众志成城""同舟共济"等成语鲜明体现了中华文明突出的统一性;"海纳百川""兼容并包""博采众长""厚德载物""虚怀若谷"等成语概括体现了中华文明突出的包容性;"国泰民安""政通人和""海晏河清""亲仁善邻"等成语直接体现了中华文明突出的和平性。中华成语与中华文明的五个突出特性一脉相承、互融互通,我们需要全面、深入地解读并传播新时代中华成语的内涵与意义,推动成语在建设中国特色社会主义文化强国中发挥强有力作用。

三、健全中国话语叙事体系、搭建讲好中国故事传播平台的必然要求

成语作为"古代汉语词汇中特有的一种长期沿用的固定短语",短小精悍、意蕴无穷,是中国汉语言文化的精华,也是历史的积淀、智慧的积累。成语源于历史典故,并在历史长河中与时俱进,采百家之长、汇众人之智,蕴含着深厚的中华文化、丰富的哲理智慧、鲜亮的民族特色。中国有着悠久的历史和灿烂的文明,中华民族与中国人民开创了人类历史上最为波澜壮阔的现代化进程。中华成语的背后,正是中华文明不断创新发展的缩影,也是中国故事的精彩典型。通过成语的创新阐释,希望能够为健全中国话语叙事体系、搭建讲好中国故事传播平台提供一定支持,努力提升我国的国际话语权和文化影响力,推动中华文明走向世界、走向未来。

本书的编写贯穿着中华成语的时代化阐释,这既是对中华成语典故的宣传普及,也是以中华成语解读传播马克思主义基本原理的有益尝试,希望通过这样的尝试和探索,使马克思主义基本原理、中国特色社会主义理论以及

哲学常识等理论知识具备进入"寻常百姓家"的可能。同时，希望通过本书可以促进中华成语发挥在传承中华文明基因血脉和构建人类命运共同体中的重要作用，使广大读者认识到中华成语深刻映照着中华文明的连续性、创新性、统一性、包容性、和平性这五个突出特性，帮助大家深入学习习近平文化思想，进一步坚定文化自信，为推动文化繁荣、建设文化强国、建设中华民族现代文明贡献力量。

序 1

突出的统一性

突出的包容性

突出的和平性

和平共处 海晏河清
亲仁善邻
患难与共
民胞物与
继往开来
与时俱进 日新月异
薪火相传
一脉相承 推陈出新
匠心独运 政通人和
锲而不舍
承前启后 古为今用
生生不息
源源不断 天下为一
新益求新
独树一帜
相辅相成 同心协力
源远流长
四海一家
太平盛世
安居乐业 国泰民安
和而不同
别开生面
海不扬波 宽宏大量
繁荣昌盛 政通人和
万象更新 虚怀若谷
坚持不懈
胡服骑射
万众一心 志同道合
独辟蹊径
吐故纳新 融会贯通
同舟共济 宽以待人
天下一家
古往今来
竿头日进
众志成城 众长
青出于蓝
一德一心
厚德载物
兼容并包 天人合 一天下太平
兼收并蓄
恢廓大度
博采 海纳百川
兼听则明
求同存异
讲信修睦

继往开来

锲而不舍

薪火相传

承前启后

古为今用

古往今来

突出的连续性

与时俱进

生生不息

源源不断

源远流长

坚持不懈

一脉相承

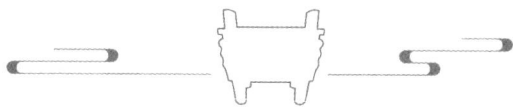

中华五千多年从不断裂的文明史造就了中华优秀传统文化"突出的连续性",这种突出的连续性是我们中华民族深刻理解过去、成功走好现在、自信把握未来的一把"金钥匙"。

作为中华优秀传统文化重要成员之一的中华成语,既是见证这种突出的连续性的重要杰作,又是造就这种突出的连续性的重要工具。深入研究成语文化,可以增进对中华民族现代文明的了解,深化对中华文明连续性的认识,拓宽理解中华文化的视角。

中华成语的形成、演进、发展史,其实就是一部中华优秀传统文化突出的连续性的形成、演进、发展史。每一条成语的形成背后,既凝结着我们的先人们对人类发展、世界进步的探究和思考,也凝结着他们对民族命运、民生福祉的奋斗和认知;每一条成语的演进背后,既反映出我们的先人们对历史和自然的敬畏、遵循,也反映出中华民族在与时俱进中不忘本来的初心、品格;每一条成语的发展背后,既体现出我们的先人们创造历史、丰富历史的奋斗历程,也体现着他们传承历史、发展历史的丰功伟绩。

作为凝结文化精华的成语也自然承载着中华文化突出的连续性。中华成语在传承过程中不仅保持了独特的文化主体性,而且反映了不同时代中华民族一脉相承的价值观、文化观、民族观等,这种坚韧的传承力更使得成语能够在不同的历史时期和社会背景下,依然被人们理解、接受并自觉运用,这种坚韧的传承力使我们能够很好地连接过去、照亮现在、指引未来。

新时代新征程,我们肩负的赓续传承中华优秀传统文化的历史使命,离不开对中华成语文化的再整理、再运用;新时代新征程,我们肩负的创造中国特色社会主义先进文化新形态的历史责任,更离不开对中华成语的再开发、再创造;新时代新征程,中华成语强大旺盛的生命力让它在继承传统的基础上,不断融入了新的时代元素,为中华民族的伟大复兴贡献着中国智慧。正如习近平总书记所指出的,中华文明源远流长,从未中断,塑造了我们伟大的民族,这个民族还会伟大下去的。

继往开来

成语出处

宋代朱熹《朱文公文集·七八·隆兴府学濂溪先生祠记》："此先生之教，所以继往圣，开来学，有功于斯世也。"

成语释义

继承前人的事业，开辟未来的道路。指承前启后，连续发展，注重创新。

成语典故

南宋淳熙五年（1178年），朱熹受命掌管南康军，他的弟子黄灏在隆兴府（今江西省南昌市）建祠纪念北宋理学大家周敦颐，朱熹应邀撰写《隆兴府学濂溪先生祠记》。文中朱熹写道："此先生之教，所以继往圣，开来学，有功于斯世也。"意思是：先生的教诲既继承了以往历代圣贤的思想精髓和学说要义，又集大成于一身，提出了自己的新思想和新学说，为后世的治学立说开辟了新的境界，这是一件造福天下的大功德呀！朱熹的这篇祠记将周敦颐推到了宋代儒学继往开来第一人的位置上，使得理学推崇的儒家"道统"思想得以延续传承。

哲学解读　　继往开来本义是继承以往圣贤的学说，在前人的成功经验基础上，坚持正确方向，解放思想，开辟出未来的新境界和新天地。"继往"即历史的经验教训不能忘记；"开来"即在前人基础上创新发展。在"继往"中，"开来"蕴含马克思主义哲学中新旧事物之间辩证关系原理。新事物是在旧事物的"母体"中孕育成熟的，它既否定了旧事物中消极腐朽的东西，又保留了旧事物中合理的、适应新条件的因素，并添加了旧事物所不能容纳的新内容。在社会历史发展过程中，新事物从根本上符合人民群众的利益和要求，因而能够得到人民群众的拥护，必然战胜旧事物。把握事物新陈代谢的规律，在中国式现代化发展过程中具有重要的方法论意义。

现实意义

❶ "继往开来"蕴含着丰富的中国智慧

继往开来是一个富有深刻内涵的成语，它蕴含着丰富的中国智慧。中华文明之所以能够五千多年一脉相承，中国之所以能够成为世界上唯一一个文明从未中断的国家，很重要的一个原因就在于中国人民对历史法则的遵循。"以古为镜，可以知兴替。"①中国历代进步政治人物对国家治理的谨慎态度，往往生动地体现在两个方面：一是极为注重汲取前朝及历代王朝兴衰罔替的经验教训，懂得以史为鉴；二是极为注重因时而化、因势而新，懂得尊古不复古，与时俱进地提出既符合历史发展要求，又符合广大人民心声的良法善政，因而推动历史不断向前发展。

因此，在中国历史上，凡是注重总结和借鉴历史经验教训，实施仁政善治的王朝和君主大多开创了繁花似锦的辉煌盛世。历史上先后出现的"文景之治""开皇之治""贞观之治""康乾盛世"等，既是中华文明继往开来的典范，也为中华文明连续发展并不断迈上新的台阶奠定了重要基础。

要治理好今天的中国，也必须善于从中华优秀传统文化中汲取智慧营养。中华优秀传统文化蕴含着丰富的哲学智慧、人文精神、思维方式、价值取向、道德观念和行为准则，传承几千年仍具有强大的生命力和影响力，它代代传承，无时无刻不在滋养和影响着中华儿女，体现出中华民族的文化凝聚力和精神浸润力。这种文化凝聚力是中华民族命运共同体意识的重要血脉基础和思想认同来源，培养并激发着中华民族每个成员与生俱来的强烈的民族自豪感和崇高的

---

① [唐]吴兢：《贞观政要·卷二·论任贤》

国家使命感，是如期实现中华民族伟大复兴的深厚文化底蕴和重要动力源泉。

② 继往开来诠释着中华文明的内在特性

继往开来体现了事物发展的根本要求。无论是自然界还是人类社会，事物发展的过程都是一个批判继承的过程，既要继承过去的优良部分和优秀传统，又要结合新环境、新条件，创造新事物、开启新境界。从夏、商、周至汉、唐、宋、元、明、清，都强调后一个朝代是前一个朝代的继承者，指明本朝和前朝的关系。清朝后期的鸦片战争成为中国古代史与中国近现代的连接点和分水岭，辛亥革命结束了延续两千多年的封建君主专制制度，建立了中华民国。中国共产党团结带领中国人民推翻三座大山，建立了人民当家作主的社会主义国家，开启了中华民族发展进步的历史新纪元。历史的车轮滚滚向前，优秀传统文化代代相传，从强调"天人合一"的和谐思想到提出"绿水青山就是金山银山"发展理念，从"天下为一"的家国情怀到构建"人类命运共同体"的世界视野，绵延五千多年的中华文明虽然历经艰难险阻，但是文明传统的传承从未中断，体现出突出的连续性。

文明在连续发展基础上同样要求继往开来，古老而伟大的中华民族缔造了绵延五千多年的中华文明，中华文明作为世界上唯一自古延续至今、从未中断的文明为人类文明的进步贡献了巨大力量。把突出的连续性居于中华文明"五个突出特性"的首位，充分体现了中华文明的内在特性。在新时代新形势下，社会在持续向前发展，新情况新问题也会随之不断涌现，这就要求我们坚持将中华优秀传统文化与时代主题紧密结合，顺应时代发展，不断拓展新视野、新思路，从新的实践中总结新的理论，以新的理论指导新的实践。

③ 继往开来积蓄着民族复兴的精神动力

继往开来意味着继承和延续过去的优秀传统、优秀文化和具有旺盛生命力和历史进步意义的价值观念，并与时俱进，以开放心态接受有生命力和历史进步意义的新理念、新思想、新观念，从而不断开启新征程、开创新未来、开辟新天地。

中华优秀传统文化具有突出的连续性、突出的创新性、突出的统一性、突出的包容性和突出的和平性，这五个突出特性相互联系、相互作用，共同构成中华民族绵延不绝、勇毅前行的生命密码和精神动力。

突出的连续性赋予中华优秀传统文化以强大的生命力，使得中华优秀传统文化无论在何种情形、何种条件下，都始终具有内生自信心和顽强生命力，只要具备一定条件，就一定会爆发出惊人的力量。

突出的创新性赋予中华优秀传统文化以强大的开拓力，使得中华优秀传统文化无论在何种情形、何种条件下，都始终具有勇于实践、敢于探索、守正创新、与时俱进的遗传基因，使得中华民族不但不会在困难和挫折面前屈服低头，反而会愈挫愈奋、越战越勇，激发出战天斗地、所向披靡的战斗豪情。

突出的统一性赋予中华优秀传统文化以强大的向心力，使得中华民族无论在何种情形、何种条件下，都始终有着与生俱来的民族凝聚力和家国向心力，只要民族需要、国家需要，就可以毫不犹豫地挺身而出，奋不顾身地献出一切，聚集起排山倒海的民族前进力量。

突出的包容性赋予中华优秀传统文化以强大的容纳力，使得中华民族无论在何种情形、何种条件下，都始终具有海纳百川、包容万物的宽阔胸襟，只要具备一定条件，就一定会见贤思齐、如饥似渴地以人之长、补己之短，迅速集聚起磅礴力量。

突出的和平性赋予中华优秀传统文化以强大的亲和力，无论在何种情形和条件下都始终秉承亲仁善邻、万邦和谐的民族气度，从而成为构建人类命运共同体的重要力量，并成为中华民族继往开来、永立时代潮流的磅礴精神伟力。

总之，继往开来积蓄着民族振兴的精神动力，它促使我们珍视历史、勇于创新，为实现中华民族伟大复兴而努力奋斗。这种精神动力将激励着一代又一代的人们，不断推动着中华民族走向繁荣昌盛的美好未来。

锲而不舍

成语出处

《荀子·劝学》："锲而舍之，朽木不折；锲而不舍，金石可镂。"

成语释义

锲：雕刻；舍：停止。比喻有恒心，坚持不懈。

成语典故

战国末期思想家、教育家荀况在《劝学》中讲到，学习如同镂金石一样，如果刻一下就停下来，即使是烂木头也不可能刻断；如果不停地刻下去，即使是坚硬的金属和石头，最终也可以把它们刻穿。这是在劝诫人们学习要有锲而不舍的精神，持之以恒、坚持不懈才会有效。

哲学解读　　**锲而不舍**是坚持不懈、驰而不息，它告诉人们要注重量的积累，才能最终促成质的飞跃。

锲而不舍是马克思主义哲学中"量变质变规律"的具体体现。辩证唯物主义认为，量变是事物数量的增减和组成要素排列次序的变动，是保持事物的质的相对稳定性的不显著变化，体现事物发展渐进过程的连续性。质变是事物性质的根本变化，是事物由一种质态向另一种质态的飞跃，体现事物发展渐进过程和连续性的中断。量变是质变的必要准备，质变是量变的必然结果，事物的发展就是这样由量变到质变，又在新质的基础上开始新的量变，循环往复，不断前进。

锲而不舍具有重要的方法论意义。一方面，当事物的发展处在量变阶段时，要踏踏实实做好日常工作，为未来重大改变作准备；另一方面，当质变来临的时候，要果断地、不失时机地抓住机遇，促成质变，使工作迈上新台阶。

现实
意义

❶ 传承中华文明需要锲而不舍的精神

传承中华文明是一项伟大而艰巨的任务，需要我们具备锲而不舍的精神。中华文明源远流长、博大精深，是中华民族的瑰宝。要将这一宝贵的文化遗产传承下去，我们必须坚持不懈地长期努力。因为只有很好地传承和发展，才能使中华文明保持不竭的生命力和凝聚力，才能为民族和国家的繁荣发展提供源源不断的精神动力。

重视文明传承是中华民族古老悠久的历史传统。中华文明的传承过程就是一个锲而不舍、历久弥坚的历史征程。中华民族五千多年的发展并非一片坦途，其间经历了太多的挫折坎坷，即使在社会动荡、政治分裂、朝代更迭等险峻时期，中华文明的根脉不但从未中断，反而在传承发展中锻造了中华民族独立自主、自强不息、不屈不挠、拼搏奋进的顽强奋斗精神和坚贞不屈气节。

传承中华文明需要勇于探索的实践精神。我们不能仅仅停留在理论学习的层面，更要将中华文明的优秀传统自觉融入日常生活中，从自身做起践行中华传统美德，将胸怀天下、忠诚报国、奉公守法、尊老爱幼、诚信待人、勤劳节俭等传统美德一代一代传承下去。

传承中华文明是一个长期的过程，不可能一蹴而就。在这个过程中，可能会遇到各种困难和挑战，但不能轻易放弃。我们要坚定信念，持之以恒地为之努力。这种耐心和毅力就是锲而不舍精神的具体体现。

传承中华文明还要注重创新。在中华文明传承发展的过程中，我们不能故步自封，而要结合时代发展的需求，赋予中华文明新的内涵和表现形式。只有不断创新，中华文明才能在现代社会中焕发出新的活力。

❷ 实现复兴伟业需要锲而不舍的精神

实现复兴伟业是一个长期而艰巨的历史进程，它需要坚定的信念、不懈的努力和锲而不舍的精神。这种精神是推动社会前进的动力，是克服困难、战胜挫折的关键。

当今世界正经历百年未有之大变局，各种不确定性因素和潜在风险隐患加剧，在变乱交织的全球挑战的影响下，承载着实现中华民族伟大复兴中国梦的这艘中国"巨轮"要想更好地乘风破浪、扬帆远航，需要全体中国人民更加坚定信心、锚定目标，勠力同心、众志成城，在困难面前不低头，在挫折面前不动摇，在危险面前不畏惧，在诱惑面前不迷失；需要调动一切可以调动的积极因素，团结一切可以团结的力量，全力办好中国自己的事情，走好中国式现代化发展之路。尤其是广大青年，更要清楚地看到中华民族伟大复兴展现出前所未有的光明前景，激发接续奋斗的信心和动力，从一点一滴的小事小节做起，锲而不舍、奋勇向前，跑好一代又一代人前行的接力棒，争做堪当中华民族伟大复兴重任的时代新人。

历史的车轮滚滚向前，实现中华民族伟大复兴进入了不可逆转的历史进程，只要我们锲而不舍、驰而不息、久久为功，伟大的中国梦就一定能够如期实现。

❸ 实现远大理想和共同理想需要锲而不舍的精神

实现共产主义远大理想和中国特色社会主义共同理想是中国共产党成立之初就确立的奋斗目标，虽历经百年而初心不改、矢志不移、锲而不舍、奋斗不止。

中国特色社会主义共同理想，是体现先进生产力发展要求、代表人类社会前进方向、维护最广大人民根本利益、推动构建人类命运共同体的美好蓝图。这一美好蓝图的实现，既需要实践创新基础上的理论创新和制度创新，也需要中国共产党以伟大自我革命引领推动伟大社会革命。

在实现中国特色社会主义共同理想的过程中，会遇到各种困难和挑战，甚至可能会遭遇挫折或暂时的失败。但是，只要我们拥有锲而不舍的奋斗精神和百折不挠的斗争意志，就一定能够在面对困难时不退缩，在遭遇失败时不气馁，始终保持勇毅前行的动力和百折不回的勇气。

锲而不舍的奋斗精神是战胜一切艰难险阻最宝贵的意志品格。中国特色社会主义共同理想的实现不是一蹴而就的，它需要我们长期的奋斗和付出。同时，我们要保持自信、乐观、积极的心态，自觉增强战略定力，持续积累抗压能力，不断以"四个自信"凝聚起实现中国特色社会主义共同理想的共识合力，锲而不舍地把中国特色社会主义事业不断推向前进。

薪火相传

成语出处

《庄子·养生主》："指穷于为薪，火传也，不知其尽也。"形成了成语"薪尽火传"，后引申为成语"薪火相传"。

成语释义

薪：木柴。本义指柴火烧完，火种却流传下来。现比喻通过师生传授，使学问和技艺得以一代又一代地传承下去。

成语典故

老子是道家学派的创始人，姓李名耳，字聃。相传老子死后，他的朋友秦失去吊唁，秦失进了灵堂，号哭三声就出来了，一点儿悲哀的表情也没有。老子的弟子很不理解秦失的做法，秦失解释说："你们的老师偶然来到人世，是应时而生，现在离开人间，也是顺命而死。过度哀悼死者，还不如发扬光大他的学问，这就像薪火传递一样，一支烛薪烧完了，可以续上另一支烛薪，薪火延绵相传，是没有尽期的呀！"

哲学解读 **薪火相传**是中华优秀传统文化中一种独特的传承方式，意为通过讲述故事、传授技艺、传承家风、传递文明等方式，将文化记忆和历史价值代代相传，是中华文明多元一体、兼容并蓄、绵延不断的传承精神表达。

中华文明之所以能够源远流长，正是因为一代代人薪火相传，充分彰显出来的中华文明突出的连续性，它与马克思主义联系的观点高度契合。联系是全面的不是片面的，是普遍的而不是孤立的。联系普遍性的原理要求人们要善于分析事物的具体联系，确立系统性、开放性观念，从动态中考察事物的普遍联系。联系普遍性原理要求把马克思主义基本原理同中国具体实际相结合，同中华优秀传统文化相结合，在推进马克思主义中国化进程中更好地建设中国式现代化。只有薪火相传，才能让祖先留下来的宝贵遗产在后人的生产生活和劳动建设中流传下来并发扬光大。

现实意义

❶ 薪火相传彰显了中国人的文化自信

文化自信是一个国家和民族发展的重要支撑。薪火相传本身就彰显着中国人的文化自信。通过薪火相传，中国人能够更好地传承和发展自己的文化脉系，展现出对本国文化的自信和自豪。中华优秀传统文化是中华民族的根与魂，是中华民族独特的精神标识与精神命脉，积淀着中华民族最深沉的精神追求，是中国人民的精神家园，增添了中国人民内心深处的自信与自豪。新时代中国特色社会主义先进文化，源自中华民族五千多年文明历史中孕育的中华优秀传统文化，它是中华文化生生不息、薪火相传的精神动力。

弘扬中华优秀传统文化，也是不断增强和彰显文化自信的具体体现。一代人有一代人的使命，一代人有一代人的担当。自古以来，每一代人都会为下一代发展承担重任。在文化发展上，当代人要传承优秀的传统文化，积极弘扬正确的价值观，勇敢地承担自己的责任，并把这些责任变成现实行动，有效地推动中国的发展和世界的进步，携手开创更加美好的未来。

当前，我国正在意气风发地向着全面建成社会主义现代化强国的第二个百年奋斗目标迈进。实现中华民族伟大复兴，需要一代又一代人为之努力。在多元复杂的时代背景下，只有立足于文化自信，才能唤醒和激发起自身的文化定力、凝聚起磅礴的精神伟力。发展中国特色社会主义文化，需要从中华优秀传统文化中汲取前行的智慧和力量，赋予中华优秀传统文化新的时代内涵，推动中华优秀传统文化转化为实现中华民族伟大复兴的强大精神力量。

❷ 薪火相传绘就了中国共产党人的精神谱系

人无精神则不立，国无精神则不强。中国共产党人的精神谱系是党在长期奋斗中形成的宝贵精神财富和文化遗产，是中华优秀传统文化与时俱进、薪火相传的重要成果。这些精神的传承对于巩固强化中华优秀传统文化的主体性、保持党的先进性和纯洁性具有重要意义。

新民主主义革命时期以红船精神、井冈山精神、长征精神、抗战精神等为代表的革命精神，是中国共产党高举马克思主义伟大旗帜，把不惧艰险、不畏强暴、同仇敌忾和敢于牺牲、善于斗争、勇于胜利等优良传统自觉与中国革命具体实践相结合而形成的伟大精神财富。

社会主义革命和建设时期以抗美援朝精神、大庆精神、雷锋精神、焦裕禄精神、"两弹一星"精神等为代表的革命精神，是中国共产党肩负国家富强、人民幸福、民族复兴的伟大使命，把鞠躬尽瘁死而后已、精忠报国、公而忘私和独立自主、自力更生、艰苦奋斗等优良传统自觉融入新中国和社会主义建设而形成的伟大精神财富。

改革开放和社会主义现代化建设新时期以特区精神、女排精神、抗震救灾精神等为代表的革命精神，是中国共产党领导全国人民把与时俱进、守正创新、发愤图强和开源节流、取长补短、积土成山等优良传统主动融入改革开放和中国特色社会主义建设事业而形成的伟大精神财富。

新时代主要是以伟大脱贫攻坚精神、抗疫精神、劳模精神、工匠精神等为代表的革命精神，是中国共产党不忘初心、牢记使命，把人民至上、自立自信、守正创新和问题导向、系统观念、胸怀天下的马克思主义立场观点方法与中华优秀传统文化相结合而形成的伟大精神财富。

总之，中国共产党人的革命精神既是中国共产党的宝贵精神财富，也是中华优秀传统文化在新的历史时期和新的伟大实践中与马克思主义相结合而形成的民族文化新形态；既是中国共产党人艰苦卓绝、前赴后继、砥砺前行的传家宝，也是中华民族薪火相传、不懈奋斗、生生不息的传家宝。

❸ 薪火相传守护着中华民族的文脉根基

国家之魂，文以化之，文以铸之。要坚持文脉为基，深入挖掘传统文化时代价值，自觉传承中华民族的优秀基因，赓续中华民族的文化根脉，在守护文明印记中筑牢文化根基，在薪火相传、守正创新中重焕民族荣光。

中国是四大文明古国之一，有着悠久的历史，保存了世界上最为丰富的物质文化遗产和非物质文化遗产。如尽人皆知的物质文化遗产万里长城、秦始皇兵马俑、明清故宫等，还有极具神秘东方色彩的太极、书法、武术、京剧等。无论是闻名世界的中国古建筑的精湛工艺，还是古丝绸之路见证的中国贸易的辉煌，都见证了中国古老文明的深沉和魅力；无论是传统的京剧、评弹、木版年画，还是传统的编织、雕刻、陶瓷等工艺，都展现了中国古老文明的智慧和创造力。

守护好中华文脉的根基需要薪火相传，建设好中国式现代化也需要薪火相传。中国式现代化是薪火相传守护好中华民族文脉根基的重要载体，中华文脉是中国式现代化建设不可或缺的文化瑰宝和精神财富。因此，中国式现代化是赓续古老文明的现代化，而不是消灭古老文明的现代化；是从中华大地长出来的现代化，不是照搬照抄其他国家的现代化；是文明赓续的现代化，而不是文明断裂的现代化。只有薪火相传、不断创新，守护好中华民族的文脉根基，将马克思主义基本原理同中国具体实际相结合、同中华优秀传统文化相结合，才能不断焕发出中华文化新的生命力。

承前启后

成语出处

明代朱国祯在《涌幢小品·曾有庵赠文》："公承前草创，启后规模，此之功德，垂之永永。"

成语释义

承：承接，接续；启：开启，引起。本义指承接前面的，引起后面的或开创今后的。现指继承前人事业，为后人开辟道路。

成语典故

功德永久是历代之人文精神的一种追求。明德弘道的圣贤教育是传承中华文化、培育民族精神的重要方式。明代朱国祯在《涌幢小品·曾有庵赠文》中歌颂曾有庵的功德时说："承接前人的基业，了解祖先开拓创业的历史，继承历代贤祖的品德风范，开启新的局面，继往开来，开拓进取，值得后人敬仰。"

哲学解读 **承前启后**本义指承接前面的，引起后面的或开创今后的。强调新的一代应该认真反思前人的成果，学习前人的经验，并将前人的成果延续发展，以满足新时代的需要。这是一种接续发展的历史观。正如马克思主义唯物史观揭示的人类社会本质和发展规律，内在地包含着对文明及其发展规律的认识。

唯物史观认为，在社会发展过程中，每一代人都有自己的风格和特色，每一代都有自己的优点和缺点。要想推动社会发展，就必须承前启后，充分利用前人的成果，吸取其中的精华，把前人的优点发扬光大，不断改掉缺点，以达到更好的效果。

现实
意义

❶ 传承中华文明需要承前启后

传承中华文明承前启后是关键。这不仅是对历史的尊重，更是对未来的责任。

承前，是为了保存和传承中华文明的精髓。中华文明源远流长，历经数千年的积淀，蕴含着丰富的智慧和价值。通过承前，我们可以学习到先人的奋斗智慧、思想观念和建设成就，这些都是中华民族的瑰宝。只有承接好这些宝贵的文化遗产，我们才能真正理解和把握中华文明的核心。

启后，是为了让中华文明在新时代焕发出新的活力。随着时代的发展，中华文明也需要不断创新和发展。通过启后，我们可以将优秀传统文化与现代社会有机结合，创造出符合当代需求的文化产品和价值观念。这样，中华文明才能与时俱进，不断适应社会的变化。

承前启后还能够促进文化的多样性和交流互鉴。中华文明作为世界文明的重要组成部分，其传承不仅对中国自身具有重要意义，也对全球文化的丰富和发展作出了贡献。通过与其他文明的交流与融合，中华文明可以不断吸收新的元素，丰富自身内涵。

承前启后还有助于培养人们的文化认同感和民族自豪感。当我们深入了解和传承中华文明时，我们会对自己的民族文化产生更强烈的认同，并为身为中华民族的一员而感到由衷的自豪。这种认同感和自豪感将激发出巨大的凝聚力和向心力，成为推动中华民族伟大复兴重要的精神动力源泉。

❷ 推动马克思主义理论创新需要承前启后

推动马克思主义理论创新需要承前启后，这是确保其不断发展和与时俱进的关键。

"承前"是理论创新的基础。马克思主义是在长期的社会实践和理论探索中形成的，其核心观点和基本原理具有普遍的指导意义。通过认真研究和传承马克思主义的经典著作和已有理论成果，我们可以深入理解其本质和内涵，把握其核心精神。

"启后"是理论创新的动力。时代在不断发展变化，新的问题和挑战不断涌现。马克思主义理论需要与时俱进，不断适应新的社会需求。通过"启后"，我们可以结合当代社会的实际情况，探索马克思主义在新时期的具体运用和发展方向。承前启后有助于保持马克思主义的连贯性和系统性。理论创新不是对原有理论的否定，而是在继承的基础上进行拓展和深化。只有将前人的理论成果与当下的实践相结合，才能形成具有内在逻辑和一致性的创新理论。

承前启后还有助于马克思主义更好地回应现实与历史的照应问题。通过对历史不同时期社会经济、政治、文化等方面的深入研究，我们可以以史为鉴，找到正确的方向、准确的定位和恰当的方法，将马克思主义的理论观点运用到具体问题的分析和解决中，为社会发展提供科学的指导。

❸ 促进思想解放需要承前启后

促进思想解放需要承前启后，这是思想建设不可回避的一个规律性认识。

"承前"是思想解放的前提和基础。我们需要继承和学习前人的思想成果，了解过去的经验和智慧。通过研究历史事件、文化传统和经验教训，我们可以汲取前人的智慧，认识到思想发展的脉络体系和演变规律，为我们提供宝贵的启示和借鉴，避免重复犯错，并在已有基础上进一步发展。

"启后"是思想解放的动力和目标。我们生活在不断变化的时代，面对新的问题和挑战，需要不断开拓创新的思维方式。"启后"要求我们敢于突破传统观念的束缚，勇于探索新的思路和方法。只有积极主动地"启后"，我们才能适应时代的需求，推动社会的进步。承前启后促进了思想的多样性和包容性。通过继承前人的思想，我们可以融合不同的观点和理念，形成丰富多彩的思想宝库。同时，"启后"的过程也鼓励创新和尝试，容纳各种不同的声音和观点，促进思想的多元化发展。

承前启后还有助于培养批判性思维和创新能力。在承前的基础上，我们可以对已有观念进行反思和质疑，从而激发创新思维。通过"启后"，我们能够不断寻找新的解决方案，开拓新的领域和思路。思想解放对于个人和社会的发展都具有重要意义。它可以帮助我们突破固有思维的限制，开阔新的视野，创造更美好的未来。

古为今用

成语出处

毛泽东《书信选集·致陆定一》："古为今用，洋为中用。"

成语释义

指批判继承古代优秀文化遗产，使之为今天服务。

成语典故

1964年9月1日，中央音乐学院音乐系学生陈莲给毛泽东写了一封信，反映该院教学和演出中存在的一些问题。毛泽东看后肯定了此信，并结合实际提出了解决的方法：1.音乐学院要走群众路线；2.对中外文化遗产，要加以批判地继承和借鉴。既反对全盘西化、盲目崇洋，也反对对外国文化全盘否定，搞排外主义，要把批判与继承辩证地统一起来。此外还专门作了批示给中央书记处书记、中宣部部长陆定一，让他在群众中搞好调查，解决好陈莲信中提到的问题。就是在这个批示中，毛泽东提出了"古为今用，洋为中用"的文艺方针。毛泽东写给陆定一的这个批示，早已收入《毛泽东书信选集》《建国后毛泽东文稿》和《毛泽东文艺论集》等著作中。

哲学解读 **古为今用**就是把古代的有用的东西拿来为今天所用，是坚守、尊重，也蕴含创新、继承。古为今用为中华文明永续发展指明了一条路径，提供了一种思考与实践方式，它蕴含着马克思主义的扬弃观。马克思主义认为，扬弃既是事物联系的环节，又是事物发展的环节，是联系和发展的统一。古为今用强调对中华传统文化科学的扬弃，并不是对过往的全盘的继承和接受，而是既克服其消极因素，又保留其积极因素。

现实
意义

❶ 古为今用重焕优秀传统文化荣光

优秀传统文化是一个国家和民族的宝贵财富，它们承载着历史辉煌、体现着价值观念和奋斗智慧。通过古为今用，我们可以让这些文化宝藏在现代社会中重新焕发光彩。

古为今用可以为现代社会提供智慧和启示。传统文化中蕴含着丰富的人生哲学、道德准则和社会观念，这些都是经过时间考验的智慧结晶。通过研究和传承优秀传统文化，我们可以从中汲取智慧力量，解决当代社会面临的各种问题。

古为今用有助于建立文化自信和认同感。了解和传承自己民族的优秀传统文化，可以让人们对自己的文化产生更深刻的认同感和更强烈的自豪感。这对于培养民族凝聚力和向心力具有重要意义。

古为今用还能够促进文化创新和发展。将优秀传统文化与现代科技、艺术等相结合，可以创造出新颖而独具魅力的文化产品。这样的创新不仅能够吸引年青一代的关注，也有助于优秀传统文化的传承和传播。为了更好地实现古为今用，我们需要将优秀传统文化纳入现代教育体系，让年青一代了解和汲取传统文化的价值内涵，培养他们对优秀传统文化的兴趣和素养。

古为今用是一项重要的、长期性的任务，它需要全社会的共同努力和广泛参与。通过将优秀传统文化与现代社会相结合，我们可以让优秀传统文化在当代重焕荣光，为社会的发展和进步提供精神支持和文化底蕴。

❷ 古为今用赓续中华民族精神血脉

中华民族拥有悠久的历史和灿烂的文化，这些宝贵的精神财富是我们民族的根基和灵魂。通过古为今用，我们可以将中华民族的精神血脉赓续传承，为现代社会的发展提供强大的精神动力。

古为今用是中华民族赓续发展的重要途径和有效手段。所有的历史既通向过去，也指向未来。只有活化历史资源，以史为鉴，激活历史文化，以古滋今，中华民族的优秀传统和民族精神才能得到赓续传承和创新发展。

中华民族的永续发展需要很好地古为今用。历史是最好的教科书。面向未来不能忘记过去，创新发展不能割断历史的精神滋养。从某种意义上说，中华民族的永续发展史，既是一部尊重历史、敬畏历史的学习史，又是一部古为今用、以古滋今从而创造历史、发展历史的奋斗史。

中华优秀传统文化的五个突出特性决定了中华民族精神血脉的传承赓续，始终是一个古为今用、洋为中用、博采众长、推陈出新、发扬光大的创新发展过程。不论是儒家的"仁义礼智信"、道家的"道法自然"、释家的慈悲，还是墨家的"兼爱""非攻"、兵家的"止戈为武"、法家的"事在四方，要在中央"等，它们都既是中华优秀传统文化的重要组成部分，又是中华民族精神血脉的重要标识。无论在任何历史时期，它们都是中华民族永续发展须臾不可离开的宝贵精神财富。

❸ 古为今用推动马克思主义中国化时代化落地生根

马克思主义中国化时代化是中国特色社会主义理论体系的重要内容，而古为今用则为其提供了有力的载体和路径。

古为今用有助于我们更好地理解和把握马克思主义的本质和内涵。马克思主义是科学的世界观和方法论，以史为媒、以古为鉴是马克思主义在任何地方入乡随俗、落地生根的必要前提之一。中国传统文化中蕴含着丰富的哲学思想、价值观念和奋斗智慧，与马克思主义有许多相通、契合之处，古为今用有助于我们借助这些相通、契合之处，增强对马克思主义本质和内涵的深入理解，从而使马克思主义更好地成为我们改造世界观的强大思想武器。

古为今用还有助于马克思主义在中国的具体化和本土化实践。中国有着独特的历史、文化和社会背景，只有将马克思主义与中国实际相结合，使其适应中国的国情和发展需求，才能真正发挥其指导作用。在推动马克思主义中国化时代化的过程中，我们要注重挖掘和运用传统文化中的有益元素。例如，中国传统文化中强调的和谐、平等、公正等价值观念，可以与马克思主义的社会公平、人民福祉等理念相结合，为解决现实问题提供新的思路和方法。同时，我们也要不断创新和发展马克思主义。结合当代中国的发展实际，不断探索和总结新的理论成果，使马克思主义在中国的土壤中不断生根发芽、开花结果。

古为今用推动马克思主义中国化时代化落地生根，需要我们在实践中不断探索和创新。我们要以开放的心态吸收传统文化的精华，以务实的态度推动马克思主义与中国实际的深度融合，为实现中华民族伟大复兴的中国梦提供坚实的理论支撑。

古往今来

成语出处

《淮南子·齐俗训》："往古来今谓之宙，四方上下谓之宇。"

成语释义

本义指从古代到现代。

成语典故

《淮南子·齐俗训》是西汉淮南王刘安及其宾客共同撰著的。这本书内容庞杂，它将道家、阴阳家、墨家、法家和一部分儒家思想糅合起来，但主要的宗旨倾向于道家。该书认为，从古至今"道"就存在，没有形状、无法度量又无处不在。书中用"往古来今"描述宇宙的形成比较久远，自宇宙形成之日起，"道"就已经存在了。后来"往古来今"渐渐演化成我们现在常用的成语"古往今来"，指从古代到今天，形容时间很长。

哲学解读 **古往今来**指从古代到今天，形容时间很长。从古至今，中华文明没有中断，延续至今，博大精深，体现出强大的凝聚力和连续性。

古往今来突出了联系的有序性，展现出系统思维。系统思维就是在确认事物普遍联系的基础上，具体揭示对象的系统存在、系统关系及其规律的观点和方法。系统中的各个要素都处于特定的位置，形成一定的顺序和规则及有序性，从系统的整体发展方向来看，系统的形成是从无序向有序、从低级有序向高级有序不断演化的过程。

系统是事物普遍联系的一种重要形式，系统的存在及其特征显示的普遍连续性的具体性，是辩证唯物主义中的哲学表达形式。古往今来启迪今天的我们要不断继承中华优秀传统文化，并对其进行创造性转化、创新性发展。

❶ 古往今来的璀璨文化铸就中华文明新辉煌

从古至今，璀璨的文化犹如繁星般闪耀，铸就了中华文明的新辉煌。中华文明源远流长，历经数千年的积淀和传承，不断给中国和世界注入新的活力。中国古代四大发明——造纸术、印刷术、火药和指南针，不仅对中国的发展产生了深远影响，也对世界文明的进步作出了重要贡献。在历史的长河中，中华文化孕育出了无数杰出的思想家、文学家、艺术家和科学家。他们的伟大实践形成的智慧结晶，共同构成了中华文明的瑰宝，展现了中华民族独特的精神风貌和旺盛的创造力，是中华文明不断创造新辉煌的深厚文化底蕴和不竭动力源泉。

中华文明的辉煌不仅体现在过去，更在当下继续绽放新的光彩。现代中国在科技、经济、文化等领域取得了举世瞩目的成就。中国的高速铁路、5G技术、电子商务等创新成果，正改变着中国和世界的面貌。同时，中华文化的影响力也在不断扩大。中国传统文化的魅力吸引着全球的关注，越来越多的人对中国文化产生浓厚兴趣，学习中文、研究中国历史和哲学成为时尚。古往今来的璀璨文化是中华民族的骄傲和宝贵财富。我们应该珍视和传承这些文化遗产，同时积极推动中华文明与世界其他文明的交流与融合，积极推动、共同创造中华文明新的辉煌。

❷ 古往今来的优秀思想谱写治国理政新华章

古往今来，无数优秀的思想为治国理政提供了宝贵智慧和重要启示。这些思想在不同的时代和文化背景中产生，却都蕴含着对社会治理、人民幸福和国家繁荣的深刻思考。中国古代的儒家思想强调德治、仁爱和礼仪，倡导通过教育和道德引导来实现社会的和谐与稳定。道家思想则主张顺应自然、无为而治，强调个体的自由与内心的宁静。法家思想注重法治，以维护社会秩序。在现代社会，我们可以从这些优秀思想中汲取精华，结合当代的实际情况，开创治国理政的新局面。比如，我们可以倡导以德治国，加强公民道德教育，培养良好的社会风尚；同时，也要推进法治建设，确保社会的公平正义。

在实践中，我们要注重将优秀思想与实际情况相结合，不断探索适合本国国情的发展道路。同时，也要保持开放的心态，积极借鉴其他国家和文化的成功经验，推动国际交流与合作。

古往今来的优秀思想是我们谱写治国理政新华章的宝贵资源。我们应该充分挖掘和运用这些思想，不断创新和完善治国理政的理念和方法，为实现国家的长治久安和人民的幸福安康努力奋斗。

❸ 古往今来的宝贵经验开启强国建设新征程

古往今来，人类社会积累了丰富的宝贵经验，这些经验为我们开启全面建设社会主义现代化国家新征程提供了重要的借鉴和启示。

从古代文明的兴衰中，我们可以学到很多关于国家治理、经济发展和社会稳定的经验教训。例如，中国古代的丝绸之路见证了中外贸易和文化交流的繁荣，展示了古代中国开放合作、富民强国的成功经验，为我们的强国建设提供了宝贵的经验借鉴。

同样，在现代，许多国家的发展历程也为我们提供了宝贵的经验。例如，科技创新是推动国家发展的关键因素，教育和人才培养是强国的基石，良好的治理体系和法治环境是保障社会稳定的重要条件等。

一个强大的国家不仅要有经济实力，还要有深厚的文化底蕴和强大的民族凝聚力。在全面建设社会主义现代化国家新征程中，我们要善于总结和运用古往今来、古今中外的宝贵经验。既要继承和发扬优秀传统文化，又要勇于创新，紧跟时代潮流，不断开启全面建设社会主义现代化国家新征程。

与时俱进

成语出处

　　明代方学渐《东游纪·东林会言》："立身行道，日精日熟，与时俱进。"清代姚鼐《谢蕴山诗集序》："然先生殊不以所能自足，十余年来，先生之所造，与时俱进。"

成语释义

　　俱：一起。本义指与时间、时代一起前进。泛指不断进取，永不停滞。

成语典故

　　清代著名散文家姚鼐在《谢蕴山诗集序》中称赞谢蕴山的诗文才气丰满兴盛、锐气挺拔，"十余年来，先生之所造，与时俱进"。然而谢先生仍不满足，多年来不断改进创新，过去规模宏大的著作，人们惊叹无法企及，但是多数已被先生果断地抛弃。

哲学解读　　**与时俱进**指不断进取，永不停滞。今天，与时俱进就是要求紧跟时代步伐，在思想上、行动上走在前列，永葆蓬勃生机活力。

　　与时俱进是马克思主义鲜明的理论品格，是马克思主义哲学中"事物永恒发展"观点的具体体现。发展是在事物变化中前进的、上升的运动，发展的实质是新事物的产生和旧事物的灭亡。尽管在事物发展过程中，伴随有下降、重复、循环等各种运动形式，但发展始终是运动多向性中的主流。

　　与时俱进的创新品格，是中华民族创造博大精深的文化并形成数千年绵延不断的伟大文明的重要保障，也是我们继续取得成功的精神财富。

**现实
意义**

❶ 与时俱进是马克思主义理论的优秀品质

与时俱进是马克思主义最重要的理论品质。与时俱进在根本上就是坚持一切从实际出发，理论联系实际，实事求是，在实践中检验和发展真理。

马克思主义基本原理本身已包含着必须根据变化的历史环境和新的历史条件，对这些原理作出与时俱进的理解的要求。马克思主义始终关注和研究自己时代提出的最迫切需要解决和回答的重大课题。马克思主义总是从发展着的世界本身的原理中，为人民认识和改造世界阐发新的理论。马克思主义的创造性根植于马克思主义基本原理同具体实际的结合之中。创造性的基点则在于坚持马克思主义基本原理。创造性地发展马克思主义本身，也就意味着马克思主义基本原理的新发展。

与时俱进的创新品格，既是中华民族创造博大精深的文化并形成数千年绵延不断的伟大文明的重要保障，也是我们继续取得成功的精神财富。守正创新中的灵魂是创新，与时俱进集中体现了马克思主义认识论的实践性，与时俱进主张理论必须随着时间的推移而发展，否认所谓的绝对真理，充分体现了马克思主义认识论的创新精神。与时俱进要求必须紧紧把握世界运动的整体趋势和发展方向，永不满足现状，始终与时代同行。

❷ 与时俱进是中华民族显著的文化基因

与时俱进体现了中华民族在历史长河中不断适应时代变化、积极进取的创新品质和文化基因，这种文化基因在中华民族的发展过程中起到了重要的推动作用。从古代的百家争鸣到现代的百花齐放，从古代的四大发明到现代的激光技术、全球卫星导航技术、航天技术、量子通信技术等，无论是思想解放还是科技创新,中华民族一直展现出特色鲜明的与时俱进精神。

正是这种与时俱进的文化基因,使得中华民族具备了能够战胜各种不良文化侵袭和各种重大挑战考验的免疫力,使得中华民族五千多年来虽历经无数劫难而生生不息、绵延不绝,并且始终保持着旺盛活力和强大的竞争力。

正是这种与时俱进的文化基因,培养了中华民族的开放性和包容性,使得中华民族不但从不排斥外来文化,而且始终能够兼收并蓄、博采众长,因而使中华民族五千多年来虽屡遭挫折而始终能够凤凰涅槃、浴火重生,并且保持着强劲韧性和蓬勃的创新力,在吸收和融合其他文化优秀元素的过程中,不断丰富和发展着自己的主体性文化。

❸ 与时俱进是建设中国特色社会主义的内在动力

与时俱进是中国特色社会主义的鲜明特征,也是推动其不断发展的内在动力。随着时代的变迁和社会的进步,中国特色社会主义必须不断适应新的形势和要求,才能保持其强大的生命力和优越性。

与时俱进要求我们必须坚持实事求是,不断探索和创新。中国特色社会主义的发展过程本身就是一个不断实践探索、总结经验、推陈出新的过程,本身就是一个中国特色社会主义事业从量的持续积累到质的有效飞跃的不断演进过程。与时俱进要求我们要根据实际情况,深入研究新问题、迎接新挑战,提出新思路、拿出新举措,确保中国特色社会主义在实践中不断丰富和完善。同时要求我们紧跟时代潮流,积极借鉴世界各国的有益经验,吸收人类文明的优秀成果,为中国特色社会主义的发展提供更多的启示和支持。

与时俱进还要求我们注重科技创新和人才培养,不断推动科技进步与社会发展的深度融合。同时,与时俱进也意味着我们要坚定不移地深化改革,破除体制机制障碍,激发市场活力和社会创造力,使中国特色社会主义始终保持蓬勃生机和强大生命力。

生生不息

成语出处

《周易·系辞上》："生生之谓易。"宋代周敦颐《太极图说》："二气交感，化生万物，万物生生，而变化无穷焉。"

成语释义

生生：中国哲学术语，指变化和新生事物的发生。不息：没有终止。指世间万物新陈代谢永不停止。

成语典故

《太极图说》是中国宋代周敦颐为其《太极图》写的一篇说明，全文249字。该文认为，"太极"是宇宙的本原，人和万物都是由于阴阳二气和水火木金土五行相互作用构成的，"二气交感，化生万物，万物生生，而变化无穷焉，惟人也得其秀而最灵"，意思是阴气和阳气交合感应，化生出万物，万物繁衍不息，并且变化无穷，只有人得到其中的秀气而成为万物之灵。

哲学解读 生生不息比喻事物不断增长、发育、繁殖，绵绵不断，表达了积极向上、奋发图强、不断前进的意思。

生生不息生动体现了马克思主义哲学矛盾的同一性和斗争性辩证关系原理的观点。在事物的发展过程中矛盾的同一性和斗争性，相互结合共同发生作用。只有通过永无止境的对立和转化，才有所谓的生生不息。

中华优秀传统文化是中华文明绵延发展根本的创造力，为我们提供了道德传承、文化赓续，更为我们提供了生生不息的哲学思想。

现实意义

❶ 文化的传承使得中华文明生生不息

中华文明源远流长，历经数千年而不衰，充分体现出中华优秀传统文化突出的连续性和坚韧的传承力。正是由于这种文化传承力使我们能够很好地连接过去、照亮现在、指引未来，使得中华民族保持了独特的文化主体性。

传承中华文化，传承的不仅是文字、艺术、哲学等具体的文化形式，更是其中蕴含的价值观念、道德情操、人文智慧和精神气质。它不仅塑造了我们的民族性格，涵养了我们的民族情怀，也优化了我们的民族气质，改善了我们的民族素养，使得中华文明在代代传承中生生不息，在生生不息中发扬光大。

文化的传承不仅使中华文明得以延续，还为其不断发展注入了新的活力。在传承的过程中，通过与时俱进、不断创新，赋予传统文化新的内涵和形式，使其与时代相适应。同时，文化传承也增强了中华民族的凝聚力和向心力。共同的文化背景和价值观念使我们彼此认同，形成了强烈的民族归属感。

文化的传承对于个人的成长和社会的进步也具有重要意义。它丰富了人们的精神世界，涵养了人们的家国情怀，激发了人们的责任意识，是培养和强化中华民族命运共同体意识的宝贵精神财富。

❷ 人类的奋斗使得世界发展生生不息

人类的奋斗智慧是推动世界发展的无尽源泉。人类凭借着一往无前、百折不挠的奋斗创造了无数的奇迹，使这个世界生生不息、不断演进、更加美好。

人类一切智慧都是不懈奋斗的结晶。科学技术的进步、社会制度的变革、文化艺术的繁荣、文明程度的提升等等，无一不是人类奋斗和智慧的生动体现和精彩呈现。

人类的不懈奋斗和顽强探索，推动人类社会不断突破现有认知的局限，开拓新的未知领域，推动着社会的不断进步。人类的奋斗智慧还让我们能够更好地适应和改变环境。面对各种自然灾害和风险挑战，人类凭借智慧发明了各种工具和技术，不断提高生存能力，为世界发展提供了生生不息的发展动能。

此外，人类的奋斗智慧还赋予了我们总结和反思的能力。通过对过去奋斗历程和经验教训的梳理总结，人类可以不断调整自己的方向和行为，作出更明智的决策，更好地展望未来，为人类社会的生生不息、永续发展提供不竭的动力支撑和精神财富。

❸ 科技进步使得人类文明生生不息

科技进步是人类文明不断前行的驱动力。从农业革命到工业革命，再到信息技术革命，科技进步的加速度和集成创新的加速器使我们的生活发生了翻天覆地的变化。

科技进步不仅带来了生产方式的巨大变革，促进了生产力的飞速发展，而且也极大地促进了生产关系和上层建筑的巨大变革。农业技术的发展使人们能够更高效地种植养殖和加工；工业自动化和智能化的推进提高了生产效率，创造了更多更好的物质财富；医疗技术的进步创新，延长了人类寿命、提高了健康水平；通信和互联网技术的迭代升级，使得人们的思维方式变革和社会制度变革进入了令人眼花缭乱的时代。所有这些，都使得人类文明不断在更高层次滚滚向前、生生不息。

同时，科技进步也是一把双刃剑。在正确理念下如果掌握在正确的人手里，科技进步就会保护自然、造福人类，推动人类社会不断前进；而在错误理念下如果掌握在错误的人手里，科技进步则会破坏自然、危害社会，给人类生存带来巨大威胁，甚至可能毁灭人类。因此，我们应该始终站在历史正确的一面，牢牢掌握科技进步的主动权，让科技进步在保护自然、造福人类方面发挥积极作用，始终成为构建人类命运共同体的加速器，推动人类文明生生不息。

源源不断

📖 成语出处

宋代郭祥正《武溪深呈广帅蒋修撰》诗："滔滔武溪一何深,源源不断来从郴。"

📖 成语释义

源源:连续不断的样子。形容连续发生,没有间断。

📖 成语典故

宋代诗人郭祥正善于写诗,其风格纵横奔放、飘逸洒脱,酷似李白。他在诗歌创作上能够独具一格,很大程度上得益于他对李白诗歌神韵的追慕。在《武溪深呈广帅蒋修撰》一诗中他写道:"滔滔武溪一何深,源源不断来从郴。流到泷头声百变,谁将玉笛传余音。"让人感受到了他诗风的豪迈,说他有太白遗风。

哲学解读 **源源不断**形容连续不断,正如中华文化,像水一样源远流长,反映出中华文明突出的连续性激发了源源不断的内生动力,与马克思主义的发展观相契合。马克思主义认为,发展是事物变化中前进的、上升的运动,其实质是新事物的产生和旧事物的灭亡,这是事物新陈代谢发展的规律。源源不断生动体现了中华文化突出的连续性。

现实意义

❶ 中华文明源源不断滋养着中华民族的精神家园

中华文明是中华民族在长期的历史发展过程中所创造的宝贵财富,它涵盖了政治、经济、文化、社会、生态等各方面内容。

中华文明的传统美德中，蕴含着丰富的思想、哲学、艺术、道德等内容。如仁爱、诚信、敬业、友善等，培养了中华民族的价值取向和道德情操，造就了孔子、墨子、老子、荀子等一大批伟大的思想家、哲学家。他们高尚的精神境界和道德情操，不仅丰富了中华民族的精神世界、拓展了中华文明的精神空间，而且成为中华文明的重要思想宝库，源源不断地滋养着中华民族的精神家园，为今天的人们思考人生、认识世界提供了重要启迪。

中华文明的历史长河中，涌现出大批诗词、音乐、绘画、书法等方面的艺术大师，他们以独具魅力的表现形式，展现了祖国的大好河山，体现了高超的艺术造诣，为中华民族留下了无与伦比的艺术瑰宝，源源不断滋养着中华民族的艺术血脉，为今天的人们接续奋斗、书写辉煌提供了重要支撑。

中华文明还强调和谐共生，倡导人与自然、人与人之间的和谐关系。这种和谐理念不仅是中华五千多年文明源源不断、生生不息的文化基因，也是构建中华民族命运共同体和人类命运共同体的重要思想来源。

总之，璀璨厚重的中华文明是我们赖以生存发展的精神根基，它赋予了中华民族独特的气质和力量，这些宝贵的精神财富在中华民族的发展中持续闪耀着光芒，源源不断滋养着中华民族的精神家园。

❷ 中华文明源源不断推动中华民族伟大复兴

中华文明作为华夏儿女的精神支柱，源远流长、博大精深，为中华民族伟大复兴提供了强大的动力和坚实的基础。

中华文明承载着悠久的历史和灿烂的文化，是中华民族独特的身份标识。其中的传统价值观、道德观念、哲学思想等，深深影响着一代又一代中国人，是推动中华民族伟大复兴重要的精神财富和丰厚的物质支撑。

中华文明历来注重教育和学习，强调人才培养和家国一体、使命担当，这种思想理念培养了中华民族无数的优秀人才，成为中华民族抵御外侮、战胜磨难、建设国家、造福民众的中流砥柱，为民族的进步和国家的发展提供了宝贵的精神给养和丰富的智慧支撑。

在世界百年未有之大变局和中华民族伟大复兴两个大局交织的情势下，源源不断的中华文明给中国的进步发展和中华民族伟大复兴注入了历史自信、战略定力和信心勇气。五千多年的厚重文化和灿烂文明蕴含着巨大能量和不竭动力，推动着中华民族命运共同体这艘巨轮乘风破浪、扬帆远航！

❸ 中华文明源源不断为世界进步贡献中国智慧

中华文明作为世界上最古老、最丰富的文明之一，源远流长，博大精深。它不仅是中华民族的瑰宝，也为世界的进步贡献了独特的中国智慧。

中国传统文化中的和谐理念，为解决当代世界的冲突和矛盾提供了有益的启示。中华文明强调"道法自然""天人合一""天下大同""和合共生"，这些理念对于推动全球可持续发展、构建人类命运共同体具有重要指导意义。

中华文明的艺术、文学、音乐、绘画等文化瑰宝也在世界范围内产生了广泛而积极的影响，成为人类文明的重要组成部分和世界进步重要的精神力量。他们在我国对外交流合作中，不仅代表着中国形象、讲述着中国故事、传播着中国声音，而且传递着真善美、凝聚着正能量，是世界进步的重要力量，源源不断为人类进步贡献着中华智慧和中国方案。

中国当代的科技创新成果也为世界的进步作出了重要贡献。比如，中国在高铁、5G 技术、电子商务等领域的发展，不仅提升了自身的竞争力，也为其他国家提供了借鉴和合作的机会。中国在国际事务中倡导的和平共处五项原则、构建人类命运共同体等理念，也体现了中国智慧对世界和平与发展的积极贡献。

源远流长

成语出处

唐代白居易《海州刺史裴君夫人李氏墓志铭》:"夫源远者流长,根深者枝茂。"

成语释义

河流的源头很远,水流很长。比喻历史悠久,根底深厚。

成语典故

唐代白居易的《海州刺史裴君夫人李氏墓志铭》是一篇重要的古代文献,其中描述了李氏的家族背景、生平事迹和道德品质。李氏是一位贤良淑德的女性,以恭俭、克己、慈惠著称。她不仅能够平等地对待仆人,不以自己的出身和地位傲视他人,而且还能在生活上严格要求自己和家人,遵守道德规范,品德高尚。白居易对李氏的品德和生平事迹给予了高度评价,认为她是一位值得尊敬的女性。这篇墓志铭不仅总结了李氏的一生,还赞扬了她的品德和精神风貌。"夫源远者流长,根深者枝茂"意思是源头深远的河流才能流得长,根扎得深远的树木才能枝繁叶茂。后比喻上下通达、基础牢固,就会兴旺发展;或比喻根基深厚,事物才能发达。

哲学解读 **中华文明**历史悠久、根底深厚、历久弥新,源远流长,生动展现了中华文明突出的连续性,体现了马克思主义哲学中实践与认识的辩证关系。历经了无数次由物质到精神、由精神到物质,再由物质到精神,即由实践到认识、由认识到实践,再由实践到认识的循环往复过程。这就是辩证唯物论的全部认识论,也是辩证唯物主义的知行统一观,这个过程就是认识辩证运动发展的基本过程,也是认识运动的总规律。从源远流长来看中华文明的连续性才能更好地理解历史的中国,读懂现代的中国、展望未来的中国。

❶ 中华文明源远流长承载着深厚的历史文化底蕴

中华文明源远流长、绵延不绝，承载着中华民族五千多年的奋斗智慧和灿烂文化。从远古时期的钻木取火、大禹治水，到春秋战国时期的西门豹治邺、李冰治水；从闻名世界的"四大发明"到至今仍在造福人类的京杭大运河；从玄奘西行、鉴真东渡，到"嫦娥"探月、"蛟龙"入海，中华民族在认识自然、改造自然、造福人类的伟大征程中锻造出来的奋斗精神源远流长，在同大自然的伟大抗争中铸就了不屈不挠、百折不回、战天斗地的民族精神，为中华民族的永续发展注入了源远流长的成长韧性和辉煌璀璨的文化底蕴。

汉字作为人类社会最古老的文字，是唯一持续使用并不断发展的文字体系，历经千百年的演变发展而源远流长。从传说中的仓颉造字、结绳记事、甲骨刻符，到秦始皇"书同文"统一文字、毕昇的"活字印刷"，以及现代的中文打字、汉字激光照排技术，中华民族在创造文明、记述文明、传承文明、光大文明的伟大征程中磨砺出来的进取创新精神源远流长，在不断挑战自我、超越自我的伟大实践中成就了永不懈怠、与时俱进、坚毅笃定的进取精神，为中华民族的永续发展注入了源远流长的奋斗激情和永不言败的斗争意志。

❷ 中华文明源远流长孕育着宝贵的民族精神品格

生生不息的中华文明孕育着脚踏实地、和合向善的实践精神。在实践中，中华民族形成了诚实守信、勤劳勇敢、团结协作、尊老爱幼等许多优秀品格。这些优秀品格历经岁月洗礼而更加鲜亮，任凭世事变迁而更加成熟，支撑我们这个民族崇德尚义、笃行实干，为中华文化不断培植着坚韧质朴的生命基因。

中华文化源远流长、与时俱进，孕育了不惧艰险、勇于胜利的奋斗精神。

在几千年的奋斗进取中，中华民族形成了不怕困难、不畏强暴、善于斗争、矢志不移等许多可贵品格。这些可贵品格历经磨难考验而更加百折不挠，遭遇战火洗礼而不断百炼成钢，支撑着我们这个民族愈挫愈奋、愈难愈勇，为中华文化源远流长不断注入了勇毅坚韧的奋斗基因。

❸ 中华文明源远流长赓续着忘我的民族精神血脉

川流不息的中华文明赓续着胸怀天下、忘我无我的民族精神血脉。从大禹治水三过家门而不入、孔子传道授业屡遭坎坷而不移、商鞅变法富国强兵而身死，到欧阳修身遭贬谪而心忧天下、林则徐苟利国家而功成身辱、谭嗣同壮怀激烈而舍生取义，中华民族从来不缺乏顶天立地、公而忘私的英雄豪杰和仁人志士，他们心怀家国、志存高远，既为天地立心、为生民立命，又为家国开生机、为万世开太平，是中华民族九合一匡、万世永春的沃土良田，激励着无数华夏子孙厚德载物、热血报国，哺育着中华民族的家国情怀源远流长。

中国共产党是中华文明的传承赓续者、中华优秀传统文化的发扬光大者、中华现代文明的守正创新者和中华文明源远流长的时代赓续者。

中国共产党从成立之初，就传承赓续了中华民族源远流长的家国情怀。为挽救民族危亡、争取民族独立和国家富强，李大钊东渡日本把马克思主义引入中国，和陈独秀等人一起成立了中国共产党，点燃了赤色中国的熊熊火炬，把一大批优秀知识分子引上革命道路，推动中华优秀传统文化与马克思主义的最早结合，自己却慨然走上封建军阀的绞刑架。接受了共产主义思想的毛泽东把马克思列宁主义基本原理同中国具体实际相结合，开辟了中国革命新道路，建立起社会主义基本制度；改革开放和社会主义现代化建设新时期，我们党开辟了体现中华文明新高度的中国特色社会主义光辉道路；中国特色社会主义新时代，中国共产党再次开创了体现中华优秀传统文化集大成者的中国特色社会主义先进文化，推动着中华民族不断实现从站起来、富起来到强起来的不断飞跃，新时代的中国共产党人以"我将无我、不负人民"的家国情怀赓续着中华文明源远流长。

坚持不懈

成语出处

清代赵尔巽《清史稿·刘体重传》："遇大雨，贼决河自卫，煦激励兵团，坚持不懈，贼穷蹙乞降，遂复濮州。"

成语释义

懈：懈怠，放松。指一直坚持下去，毫不懈怠。

成语典故

战国时期，儒家学派代表人物孟子(孟轲)小的时候，母亲送他到学堂读书。刚开始孟轲还懂得用功，后来就渐渐学会偷懒、贪玩，不肯用功读书了。

有一天，孟轲竟然逃学回家。母亲此时正在家中织布，一看他逃学回来，就拿起剪刀把织布机上织了一半的线剪断了。孟轲很惶恐地跪下，问母亲为何要把线剪断。母亲责备说："求学跟织布的道理是一样的，必须一丝丝不断积累，才能织成有用的布料。如果中途把它剪断了，那就会前功尽弃，成为一堆废料。求学更是要不断地用功，坚持不懈、持之以恒，最后才会有所成就。而你现在却偷懒逃学，不肯用功读书，这样自我堕落，如何能成就学业？"孟轲听了母亲这番话，非常惭愧，立刻向母亲认错，从此发愤向学。经过长年累月的不懈努力，终于成就了自己的道德学问。

哲学解读　　**坚持不懈**意为坚持下去，决不放松，形容一种积极的人生态度。

坚持不懈是一种难能可贵的精神品格，更是成功的必要条件，强调凡事要想获得成功，就必须坚持不懈、勇往直前。

坚持不懈与"主观能动性与客观规律性的辩证统一"原理相契合。唯物辩证法认为，主观能动性和客观规律性二者是辩证统一的关系，尊重客观规律是正确发挥主观能动性的前提，正确的意识能够使人具有高昂的精神、坚韧不拔的意志。只有充分发挥主观能动性才能正确认识和掌握客观规律。

现实意义

❶ 坚持不懈才能成就历史伟业

成就历史伟业需要坚持不懈的精神意志。在人生的道路上，人们常常面临各种困难和挑战，只有坚持不懈才能战胜困难、实现目标。坚持不懈是一种坚韧不拔的品质，它让人们在面对挫折和困难时不轻易放弃。许多伟大的历史人物都是通过坚持不懈的努力才取得了辉煌的成就。

坚持不懈还需要有明确的目标和坚定的信念。一个人只有对自己的目标充满信心，才能够在困难面前不屈不挠、持续努力。同时，坚持不懈也可以增强耐心，磨砺意志。在实现目标的过程中，目标明确可以增强耐心，信念坚定则可以磨砺意志。当人们遇到各种挫折和困难时，只要能够保持耐心、坚持不懈，就会一步一个脚印地向前迈进。

历史上的许多伟大事业都是通过坚持不懈的努力才得以实现的。商鞅用20年时间推行变法，终使秦国成为一个强大的国家，为以后秦国统一六国奠定了基础；司马迁花了14年时间，克服身体和精神上的障碍而作《史记》，成为中国历史上的"史家之绝唱"和"无韵之《离骚》"；中国共产党不忘初心、牢记使命，百年以来百折不挠、坚持不懈，实现了中华民族从站起来、富起来到强起来的伟大历史飞跃，推动中华民族不可逆转地进入全面复兴的光辉历程。

❷ 坚持不懈方能破除痼瘴顽疾

任何顽瘴痼疾都不是一朝一夕形成的，也不是单方面因素造成的。因此，破除痼瘴顽疾既不能心存侥幸，也不能操之过急，更不能简单从事，坚持不懈、标本兼治才是破除一切顽瘴痼疾的关键。

无论是个人生活还是工作事业，随时随处都会遇到各种各样的困难挑战或者诱惑考验。有些问题可能看似简单，但实际上却隐藏着深层次的复杂性和挑战性。在这种情况下，只有坚持不懈地努力，才能逐步看透问题的本质，找到有效的解决方案。

坚持不懈意味着要有持之以恒的决心和毅力。在面对困难时不能轻易放弃，要坚定地增强信心和定力，相信通过自己持续的投入和努力，圆满解决问题。

坚持不懈还意味着人们需要保持积极的心态和乐观的态度。很多人在面对困难和挫折时，很容易陷入消极和沮丧的情绪中，这会让人失去解决问题的信心和动力。因此，只要懂得学会调整自己的心态，并始终保持积极乐观的态度，就一定能够克服困难、坚持不懈并最终取得成功。

坚持不懈还需要人们不断学习和提升自己的能力。在面对复杂问题时，人们需要有足够的知识和技能找到问题的根源，并提出切实可行的解决方案。因此，每个人需要不断学习和提升自己的能力，以便更好地应对各种挑战和困难。

❸ 坚持不懈才能推动自我革命

自我革命是一切个人、组织、政党不断进步的前提。自我革命意味着人们要不断审视自己，勇于发现并承认自己的不足，并积极寻求改变以不断进步。这是一个充满挑战和困难的过程，需要人们具备坚持不懈的精神。

坚持不懈能够帮助人们保持对自我革命的持续动力。自我革命是一个长期的过程，不可能一蹴而就。只有坚持不懈地努力，才能保持对自我革命的持续热情，不断推动自己向前发展。

坚持不懈能够帮助人们克服自我革命中的困难和挑战。在自我革命的过程中，必然会遇到各种困难和挑战，比如内心的抵触、外界的压力等。只有坚持不懈地努力，才能逐渐克服这些困难，实现自我突破。

坚持不懈能够帮助人们实现自我革命的最终目标。自我革命的最终目标是实现个人的不断成长和持续进步，成为一个更好的自己。只有坚持不懈地努力，才能逐步实现这个目标，实现自我价值的持续体现。

一脉相承

成语出处

宋代钱时《两汉笔记》卷一一："是故言必称尧舜，而非尧舜之道则不敢陈于王前，一脉相承，如薪传火，无他道也。"

成语释义

脉：脉络。承：承接。指一个血统或一个派别世代相传地流传承袭下来。泛指思想、文化、学术等继承关系。

成语典故

《左传·僖公二十五年》记录了鲁僖公与齐桓公关于两国共同拥有周公旦这一祖先的对话，齐桓公问鲁僖公："你们的祖先是不是周公旦？"鲁僖公回答："是的。"齐桓公说："既然如此，那么我们就是一脉相承的。"这里的"一脉相承"指的是鲁国和齐国都是周公旦的后代，具有相同的祖先，从而具有相同的血统和传统。一脉相承由此而来，即两个国家之间因共同的血统而有着紧密的联系。

哲学解读　　**一脉相承**形容事物之间紧密持久的传承关系，就像血脉一样源源不断贯穿始终，充分体现了中华文明突出的连续性，契合了马克思主义哲学中的"普遍联系"观点。联系是指事物内部各要素之间和事物之间相互影响、相互制约和相互作用的关系。联系既具有普遍性，又具有客观性，事物的联系是事物本身所固有的，不是主观臆想的。坚持联系的客观性，就是在联系的观点上坚持了唯物论。

现实
意义

❶ 中国共产党的初心使命是一脉相承的

中国共产党的初心使命是一脉相承的，这可以从中国共产党的百年奋斗历程中得到证明。为中国人民谋幸福、为中华民族谋复兴是中国共产党一经成立就确立的初心使命。这一初心使命贯穿了党的整个奋斗历程。

从党的早期革命斗争到新中国成立，再到改革开放和现代化建设，中国共产党始终坚持以人民为中心，致力于挽救民族危亡、救民于水火，在实现民族独立、人民解放的基础上，进一步解放和发展生产力，实现人民幸福和国家富强。党的使命与初心是紧密相连的。进入新时代，中国共产党肩负着全面建成社会主义现代化强国和实现中华民族伟大复兴的历史使命。

在不同的历史时期，党根据时代发展和人民需求，不断调整和完善自己的使命任务，但始终围绕着"为中国人民谋幸福、为中华民族谋复兴"这一核心目标。中国共产党的初心使命在实践中不断得到体现和践行。党通过一系列政策和行动，推动经济发展、改善人民生活、加强社会建设、推进改革开放等，努力实现人民的幸福和国家的强大。

同时，党也高度重视自身建设，不断加强党的思想政治建设，提高党员素质，保持党的纯洁性和先进性。中国共产党的初心使命是党的力量源泉和前进动力。正是因为始终坚持初心使命,党才能够始终赢得人民的拥护和支持,团结带领全国人民不断取得革命、建设和改革的胜利。

❷ 中国特色社会主义的发展演进是一脉相承的

马克思曾经说过："人们自己创造自己的历史，但是他们并不是随心所欲地创造，并不是在他们自己选定的条件下创造，而是在直接碰到的、既定的、从过去承继下来的条件下创造。"习近平总书记明确指出："中国特色社会主义不是从天上掉下来的，而是在改革开放 40 年的伟大实践中得来的，是在中华人民共和国成立近 70 年的持续探索中得来的，是在我们党领导人民进行伟大社会革命 97 年的实践中得来的，是在近代以来中华民族由衰到盛 170 多年的历史进程中得来的，是在对中华文明 5000 多年的传承发展中得来的，是党和人民历经千辛万苦、付出各种代价取得的宝贵成果。"

中国特色社会主义道路的开辟和发展充分证明了这一点。中国特色社会主义道路是中国共产党在长期社会主义建设中独立自主探索的结果。在这条道路上，中国共产党人把马克思主义与中国实际相结合，团结带领全国各族人民艰苦奋斗、开拓进取，走出了一条适合中国国情的发展道路。这条道路的成功实践有力证明：中国特色社会主义道路是中国共产党和中国人民在新的时代条件下继续前进的根本保证。中国特色社会主义理论体系也是在中国特色社会主义道路成功实践的基础上形成和发展起来的。它坚持和发展了马克思主义关于人类社会发展规律的科学认识，揭示了社会主义本质和建设规律，回答了什么是社会主义、怎样建设社会主义的问题，创造性地回答了建设什么样的党、怎样建设党的问题，深化了对共产党执政规律、社会主义建设规律的认识。

中国特色社会主义的发展演进是一脉相承的，这种传承不仅体现在其理论基础和实践经验上，也体现在其未来发展方向上。

❸ 马克思主义中国化时代化的历史进程是一脉相承的

马克思主义中国化时代化的历史进程是一脉相承的。这个进程既体现了马克思主义基本原理与中国实际相结合的历史性飞跃，也展现了马克思主义与中华优秀传统文化相结合不断实现本土化时代化的历史性飞跃。

从历史角度看，马克思主义中国化是一个一脉相承的历史过程。在这个过程中，经典马克思主义学说不断实现其本土化的历史性飞跃，形成了中国化的马克思主义理论成果，即毛泽东思想、邓小平理论、"三个代表"重要思想、科学发展观、习近平新时代中国特色社会主义思想等。这些理论成果都是对马克思主义基本原理的继承和创新，体现了一脉相承的马克思主义中国化时代化的本质要求，即始终坚持以人民为中心、尊重人民的主体地位和首创精神，以中国式现代化全面推进中华民族伟大复兴。

同时，马克思主义中国化也是一个阶段性的演进发展过程。在每一个阶段上，都形成了一个具有特定内涵的理论体系。这些理论体系各自具有不同的特点，但它们都是一脉相承的，共同构成了马克思主义中国化时代化的历史进程。

匠心独运

日新月异

推陈出新

胡服骑射

竿头日进

别开生面

突出的创新性

新益求新

独辟蹊径

独树一帜

青出于蓝

万象更新

吐故纳新

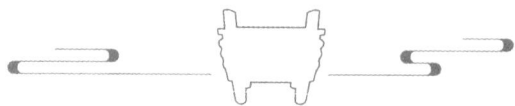

文化是一个国家、民族最持久、最深沉、最本质的力量所在。文化积淀为文明创新提供了深厚的土壤，创新性产生的新知识、新思想和新技术为文明连续提供了不竭的动力。

文化兴则国运兴，文化旺则国势旺，文化强则国力强。创新是文化的生命所在，是一个民族进步的灵魂；创新力是文化生命力的具体体现，是一个国家兴旺发达的不竭动力，也是一个政党永葆青春活力的永生源泉。

中华优秀传统文化的传承发展和持久延续，既需要不断地传承优秀、集聚精华，淘汰落后、摒弃糟粕，又需要不断地海纳百川、兼收并蓄，还需要不断地自我改造和提升更新。这种集聚精华、摒弃糟粕和海纳百川、兼收并蓄的过程，其实就是自我改造、提升更新的过程，更是中华优秀传统文化突出的创新特性培育形成、丰富发展的过程。

中华成语之所以历数千年风雨而绵延不绝，更璀璨多姿，经万千磨难而历久弥新，更家喻户晓，正是在于其蕴含的中华优秀传统文化所独有的突出的创新性，这使得中华成语文化既具备了与时俱进的学习力和兼收并蓄的改造力，也具备了帮助人们认识自然、改造世界、提升自我、创造文明的正确方法和基本能力。

中华成语既妙趣横生、以事喻理，又包含哲理、发人深思。因此，无论是推动马克思主义同中国具体实际相结合、还是同中华优秀传统文化相结合，都需要持续开发利用中华成语文化这一宝贵思想文化资源，更好地挖掘梳理中华成语文化中所蕴含的文化底蕴、价值底蕴和方法论底蕴等，使中华成语文化在回望历史与畅想未来中发挥积极作用，在中国特色社会主义伟大实践中发挥思政功能，在中国式现代化进程中展现中华优秀传统文化和中国特色社会主义先进文化的独特风姿，把马克思主义的思想精髓和中华优秀传统文化的精神特质融会贯通起来，为全面建设社会主义现代化国家、全面推进中华民族伟大复兴注入强大精神力量。

"对历史最好的继承，就是创造新的历史；对人类文明最大的礼敬，就是创造人类文明新形态。"站在新的历史起点上，我们要坚定文化自信，秉持开放包容态度，坚持马克思主义中国化时代化，传承发展中华成语文化，立足中华民族伟大历史实践和当代实践，讲好中国故事、构建中国话语体系，传播中华优秀传统文化和价值观念。

匠心独运

成语出处

唐代王士元《〈孟浩然集〉序》："学不考儒，务掇精华；文不按古，匠心独妙。"后"匠心独妙"亦作"匠心独运"。

成语释义

匠心：巧妙高明的构思。独：独特。运：运用。匠心独运形容艺术构思有独创性。

成语典故

唐代诗人孟浩然擅长创作山水田园和客居他乡漂泊凄苦的心情等方面的诗词，诗境清新自然，与著名诗人王维并称"王孟"，是山水田园诗派的代表。他的诗摆脱了初唐应制、咏物的狭窄境界，更多地抒写了个人的情怀，给开元诗坛带来了新鲜气息。李白称颂他"高山安可仰，徒此揖清芬"，杜甫礼赞他"清诗句句尽堪传"。正因如此，王士元在编写《孟浩然诗集》的序文里称赞孟诗"文不按古，匠心独妙，五言诗天下称其尽美矣"。匠心独运是对诗作者运用精巧心思，开创新诗风的最大赞扬。

哲学解读 匠心独运源于中国古代文化艺术中的"工匠精神"，指工匠人员在创造性地应用自己的技术和经验的基础上，通过精心的设计、精湛的技艺和无限的创意，创造出独具风格和个性的作品，是对工匠充分发挥主观能动性创作的赞美，更是一种崇高的评价。唯物辩证法认为，意识的能动性集中体现在意识能动地反映和创造世界。意识使人的活动具有自觉的目的性、计划性，并进而通过人的活动将目的、蓝图变成现实存在，从而改变世界，创造出符合人的目的的客观世界。充分发挥主观能动性，用科学的理论武装头脑、指导实践，不断解放思想、与时俱进，在实践中以开拓进取的精神探究事物的本质和规律。匠心独运要求面对不同事物、不同矛盾，要有目的、有意识地超越常规，实现思维或实践的重大突破性发展，运用独创的新方法、新思路，找出解决问题的最佳方案，获得独具一格的成就、风格或特色。

现实意义

❶ 匠心独运的工匠精神加速了中华物质文明的进程

匠心独运是中华文明突出的创新性的生动体现。中华民族在泱泱五千多年的历史长河中，涌现出了如擅长发明创造的鲁班、修建都江堰的李冰、建造赵州桥的李春、发明造纸术的蔡伦等大量能工巧匠，创造了辉煌灿烂的物质文明，也为后人留下了丰厚的文化遗产。工匠职业有着悠久的历史，匠心是一种文化、一种传承，是对极致的追求。匠心独运更需要执着专注、精益求精、追求卓越的工匠精神。工匠精神彰显了"匠心独运"的理念，工匠们把对自然的敬畏、对作品的虔敬、对使用者的将心比心，连同自己的揣摩感悟，全部倾注于一双巧手，创造出令西方高山仰止的古代科技文明。

自古以来，我国尊崇弘扬工匠精神的优良传统，形成了"尚巧工"的浓厚社会氛围。《诗经》中的"如切如磋，如琢如磨"，反映的就是古代工匠精益求精、反复琢磨的工作态度；《庄子》中讲庖丁解牛游刃有余的原因是"道也，进乎技矣"，说明要反复实践才能掌握事物的客观规律，得心应手；鲁之巧人鲁班，对木工技艺执着专注，创造出许多灵巧实用的工具，让当时的人们从原始、繁重的手工劳动中解放出来；春秋战国时期墨子所著《墨经》中记载了丰富的力学、光学和声学等物理知识，在生产劳动和军事谋略方面发挥了巨大的作用。

新中国成立以来，无论是"两弹一星"、载人航天工程取得的辉煌成就，还是高铁、大飞机等的设计与制造，都展现出我们对工匠精神的传承与弘扬。青蒿济世屠呦呦，艰苦卓绝，数十年磨一剑，帮助600多万人逃离疟疾的魔掌；心细如发、探手轻柔的李峰，在高倍显微镜下手工精磨刀具，5微米的公差也要坚持返工；心有精诚、手有精艺的顾秋亮，仅凭一双手捏捻搓摸，便可精准感知细如发丝的钢板厚度；蒙眼插线、穿插自如的李刚在方寸之间也能插接百条线路，成就领跑世界的中国制造；心怀梦想、心平手稳的高凤林焊接飞天神箭，逐梦太空。无数劳动者立足本职岗位，笃定初心，创造了诸如5G技术、华为通信、天宫空间站、港珠澳大桥、"天眼"500米口径球面射电望远镜等一系列领先世界的物质文明成果，以匠心独运的工匠精神加速了物质文明的进程。

❷ 匠心独运的创新精神创造了中华政治文明新形态

政治文明是人类政治生活的进步状态，中国共产党以坚定而科学的政治理念、政党制度结构形式、政党政治运行方式，以及建立在多党合作基础上的复合形式、立体结构，形成了凝聚共识、推动社会经济发展的强大合力，以匠心独运的创新精神团结带领全国各族人民掀起实现第二个百年奋斗目标的新高潮，驰而不息以中国式现代化开启强国建设、民族复兴的伟大新征程，创造了人类政治文明的新形态。

民主是政治文明的重要衡量标准，全过程人民民主作为中国共产党和中国人民的伟大政治创造，匠心独运，实现了对资本主义政治文明形态的根本性超越，是对社会主义民主政治理论与实践的重大创新，为人类政治文明的发展开辟了新的广阔空间。

❸ 匠心独运的革命精神掀起了中华精神文明建设热潮

自马克思主义传入中国以来，中国共产党在团结带领中国人民艰苦卓绝的伟大斗争中，勇于革命，善于创新，以匠心独运的造诣，积极探寻救国救民真理,把马克思主义思想精髓同中华优秀传统文化精华贯通起来,不断将中华优秀传统文化蕴含的天下为公、民为邦本、为政以德、革故鼎新、任人唯贤、天人合一、自强不息、厚德载物、讲信修睦、亲仁善邻等优秀的思想观念赋予科学理论之中,开创性地形成了毛泽东思想、中国特色社会主义理论体系,推动中华民族实现了从站起来、富起来到强起来的伟大飞跃,为中华民族生生不息、发展壮大提供了丰厚滋养。

站在新的历史起点,中国人民更加深刻理解中华文化蕴含的精神内涵,更加明白实现马克思主义中国化时代化新的飞跃,必须推动中华优秀文化创造性转化、创新性发展,如此才能推进和拓展中国式现代化,建设文化强国,用中国道理总结好中国经验,把中国经验升华为中国精神,坚持走自己的路,在实践创造中进行新的文化创造,在历史进步中建设中华民族现代新文明。

日新月异

成语出处

西汉戴圣《礼记·大学》："汤之盘铭曰：'苟日新，日日新，又日新。'"

成语释义

每天每月都出现新情况。形容发展、进步很快。

成语典故

商朝的开国君主汤，是一位有德之君，待人十分宽厚。有一次外出，看见一位农夫正在树林里张网捕鸟，东南西北四面挂的都是网。网挂好后，农夫对天拜了几拜，然后跪在地上祷告说："求上天保佑，网已挂好，愿天上飞下来的，地上跑出来的，从四方来的鸟兽都能进入网中来。"汤听后，非常感慨说："只有夏桀才能如此网尽矣！要是如此张网，鸟兽就会完全被捉尽哪！这样做实在太残忍了。"于是他叫人把张挂的网撤掉三面，只留下一面，然后对农夫说，对待禽兽也要有仁德之心，不能捕尽捉绝。汤从那个捕鸟的农夫身上看到了人贪婪的欲望，反思：老农如此，自己又何尝不是如此！于是想到，一个人要想改掉自己身上的缺点，唯有天天反省、天天进步才行。为了激励自己能天天进步，汤在自己沐浴的盆上刻下了"苟日新，日日新，又日新"的内容，希望每天在沐浴的时候都能看到这句话，都能提醒自己时刻反思，从而使自己每天都有进步，如此就能真的恢复明德，真的止于至善了。

哲学解读 　**日新月异**形容发展或进步迅速，不断出现新事物、新气象，与"事物的永恒发展"观点相契合。唯物辩证法认为，发展的实质是新事物的产生和旧事物的灭亡。正是这种新事物产生、旧事物灭亡的新陈代谢运动，才使世界蓬勃发展。日新月异要求我们坚持与时俱进，培养创新精神，促进新事物的成长。对于中华优秀传统文化，我们既要注重传承，又要根据时代要求实现创造性转化和创新性发展。

现实意义

❶ 马克思主义中国化时代化推动中华民族伟大复兴的局面日新月异

"苟日新，日日新，又日新。"这句话流传至今已有3000多年了，不仅蕴含着与时俱进、革故鼎新的寓意，还寄托着古老的中华文明传承创新、自我迭代、日新月异的精神动力，可谓历史悠久、影响深远。中华优秀传统文化是中华民族的精神血脉和文化之根，是中华民族独特的精神标识，也是中国文化创新的宝藏。马克思主义中国化时代化的过程，就是马克思主义与中国具体实际和优秀传统文化相结合的过程，就是以中华优秀传统文化滋养全党、改造党员、创新理论，推动与中国具体实际相结合的过程。

正是由于中华优秀传统文化有着突出的连续性和创新性，中国共产党人才能在传承中华优秀传统文化中，创新性发展具有中国特色的社会主义事业。正是由于马克思主义与中华优秀传统文化有着高度契合性，中华民族才会因为马克思主义来到中国，而使中华民族伟大复兴拥有了科学理论的指导，散发出强大的生命力和创造力；拥有了伟大的中国共产党的领导，彰显出无穷的凝聚力和战斗力；拥有了中国特色社会主义的制度保障，展现出无比的优越性和成长性。

我们从历史积淀中汲取养分，从传统文化中开拓创新，以中国式现代化赋予中华文明现代力量，持续推动马克思主义基本原理同中国具体实际相结合、同中华优秀传统文化相结合，中华民族伟大复兴的征程必将绽放日新月异的绚丽之花。

❷ 中国共产党的自我革命推动中国特色社会主义事业日新月异

自我革命是中国共产党的理论基因和政治自觉。中国共产党从诞生那一刻起，就具有强烈的自我革命意识，并把它作为永葆中国共产党人民性、革命性和实践性的重要法宝。党始终以争取民族独立和人民解放、国家富强和人民幸福为己任，既同国内外一切敌人作坚决的毫不妥协的斗争，也同党内一切错误思想和行为作坚决的毫不妥协的斗争。

中国共产党的自我革命，既以马克思主义理论为根本指导思想，又以中华优秀传统文化为重要沃土。在推进中国特色社会主义伟大事业中，中国共产党既以伟大的自我革命为前提，不断推进伟大的社会革命，又以伟大自我革命为宗旨，不断加强党的先进性、纯洁性和长期执政能力建设。这种自我革命的过程，既是用习近平新时代中国特色社会主义思想武装全党的过程，又是对党内存在的"当官做老爷""一人得道，鸡犬升天"等封建残余思想和"拜金主义""享乐主义"等西方资产阶级腐朽思想进行不妥协斗争的过程；既是对党内存在的官僚主义、形式主义做斗争的过程，又是运用中华优秀传统文化滋养全党、锤炼党性的过程。

中国共产党的自我革命过程，是与马克思主义中国化时代化相生相伴的。全体党员只要拥有了勇于自我革命的自觉性，党性和人民性就会在具体的工作中得到有效统一。党组织一旦拥有了这种自我革命的自觉性，中国特色社会主义事业就具备了日新月异的创造性和生命力。

❸ 党员干部的自省自律推动党风政风建设日新月异

广大党员干部应当积极发挥自己的主观能动性，保持自省自律，积极促进自身的发展成长。做好自省，党员干部要坚持明确的目的导向和问题导向，反思自己在党性修养、理想信念、工作作风、能力素质等方面的不足，发现不足并不断加以改正，形成深学、细照、笃行的良性循环，在不断改进中提

53

高自身综合素质；做好自律，党员干部要静得下心、沉得住气、坐得稳身，自觉遵守廉洁纪律，将党的各项纪律要求作为自己的言行底线，并且乐意主动接受组织和群众的监督，提高自身的道德品质修养。党员干部要始终如一地保持清醒的政治头脑，心系人民大众，以纯洁的道德品质、高尚的行为举止、坚定的政治信仰，努力鞭策、塑造自己。

只有全体党员自觉用习近平新时代中国特色社会主义思想武装自己，把共产主义远大理想和社会主义共同理想作为毕生追求，把中华民族"修身养德"的优秀传统文化作为日修不辍、日用不觉的毕生"功课"，每一名共产党员的理想信念和精气神建设、拼搏精神和进取意识建设、斗争意志和责任担当建设，才会爆发出无穷的力量，党的事业才会凝聚起磅礴的积极性、主动性和创造力，党风政风必将日新月异，党和国家事业必将发生翻天覆地的变化。

推陈出新

成语出处

宋代费衮《梁溪漫志·张文潜粥记》引东坡帖："吴子野劝食白粥，云能推陈致新，利膈养胃。"

成语释义

推：除去、淘汰。陈：陈旧的。推陈出新本义指秋收后从仓中推去陈粮，换储新谷。比喻去掉旧事物的糟粕，取其精华，并使它向新的方向发展。

成语典故

秦朝末年，韩信刚投奔刘邦时，刘邦让他管理粮仓，韩信提出了"先进后出，再推新"的管理理念，即把粮仓开设前后两个门，把新粮从前门运送进去，把旧粮从后门运出来，这样可以防止粮食在蜀中炎热潮湿的环境下腐烂变质，从而使蜀中粮仓不再有变质浪费的现象，这无疑是仓储管理史上的创举。后人将这种创新性的管理理念引申为成语"推陈致新"或"推陈出新"。

哲学解读　**推陈出新**常常形容在继承文化遗产时丢掉旧事物的糟粕，取其精华，并使它向新的方向发展，"推陈"就是否定旧事物，"出新"就是产生新事物，这与马克思主义哲学中"辩证否定观"相契合。唯物辩证法认为，辩证否定的实质是"扬弃"，即新事物对旧事物既批判又继承，既克服其消极因素又保留其积极因素，反对简单地肯定一切或否定一切。辩证否定观科学地揭示了否定的深刻内涵，对于人们的认识和实践活动具有重要的指导意义。推陈出新要求人们在对待传统文化的态度上持辩证否定观，有批判地继承，有选择地吸收，取其精华，去其糟粕。

现实意义

❶ 推陈出新是中华优秀传统文化传承和发展的必然要求

中华优秀传统文化是中国特色社会主义文化的重要来源之一，积淀着中华民族最深层的精神追求，是中华民族独特的精神标识，是最深厚的文化软实力，为中华民族生生不息、发展壮大提供了丰厚滋养。中华优秀传统文化的思想理念、伦理规范、审美意识和价值理想等，在促进时代新人思想品德形成和全面发展方面具有重要的传承、借鉴及启示作用，是以文化人、铸魂育人的重要载体。挖掘中华优秀传统文化的价值是引领时代新人把握"两个大局"，坚定"四个自信"，培育国家意识、大国意识、时代意识、本领意识、人类命运共同体意识，激发其对强国建设、民族复兴、创新发展、担当大任、走向世界舞台中心的追求，做到从容应对国内国际各种思潮挑战的必然要求。所以，在全球化和现代化的背景下，中国传统文化需要与现代化进程发展一致，实现创造性转化和创新性发展，如非物质文化遗产——国粹京剧的传承，都是守正创新、遵古不复古的过程。任何一个文化不可能单一发展，只有与外界联系，不断突破僵硬化、保守化，突破自身循环形成的停滞不前，才能大大丰富自己的文化，才能为自身文化的推陈出新创造契机。

❷ 推陈出新是中国特色社会主义完善发展的内生动力

中国特色社会主义是符合中国国情、具有独特优势的社会制度，是人类制度文明发展的重要成果。中国共产党深刻把握中国特色社会主义建设的时代使命，着力推动中国特色社会主义更加成熟更加定型，我们的制度优势和制度潜力不断得以发掘，制度自信日益增强。不断完善和发展中国特色社会主义制度，坚定制度自信，是坚持和发展中国特色社会主义、实现中华民族伟大复兴的内在要求，也是推动人类制度文明发展进步的应有担当。

这就要求破除各方面体制机制弊端，不断推进制度创新、发挥制度优势，为坚持和发展中国特色社会主义奠定坚实制度基础,从而调动一切积极因素，让一切劳动、知识、技术、管理、资本等要素的活力竞相迸发，让一切创造社会财富的源泉充分涌流。

❸ 推陈出新是中国共产党推进马克思主义中国化时代化的实践遵循

马克思主义是放之四海而皆准的真理，但它并没有穷尽真理，需要不断创新发展。百余年来，一代又一代中国共产党人坚持守正创新，不断推进马克思主义中国化时代化，并以中国化时代化的马克思主义指导中国革命、建设、改革，始终在中华民族伟大复兴这面旗帜下阔步前进。新时代以来我们迎来中国共产党成立一百周年,中国特色社会主义进入新时代,完成脱贫攻坚、全面建成小康社会的历史任务，实现第一个百年奋斗目标"三件大事"，每件大事都是历史性的胜利,每次胜利都得益于中国化时代化的马克思主义行。正是坚持守正创新的科学方法，中国共产党的理论探索与创新，才能始终沿着正确的历史方向而行进；正是贯彻守正创新的实践要求，中国共产党的实践领域和维度，才能始终在把握历史主动中得以丰富和拓展。而守正创新既是中国共产党人赢得历史性胜利的信念所在、定力所指，亦是我们勇毅前行、赢得未来的活力之源、奋进之举。只有坚持好、运用好这一立场观点方法，才能不断赋予科学理论鲜明的中国特色,才能让马克思主义在中国牢牢扎根。马克思主义中国化时代化的过程，是我们每一代共产党人把马克思主义与中国实践相结合的过程，是吸收其精华不断创新发展的过程，这充分体现了共产党人在探索中国式现代化道路中的推陈出新，是中国共产党实践创新的必然要求。

胡服骑射

成语出处

《战国策·赵策二》："今吾（赵武灵王）将胡服骑射以教百姓，而世必议寡人，奈何？"

成语释义

胡：中国古代指北方和西方的少数民族，善于骑射。胡服骑射本义指学习胡人的服饰装束，练习骑马射箭。后比喻政治文化的改革措施。

成语典故

战国时期，赵武灵王即位时，赵国周边局势动荡不安，赵国眼看着被别国兼并。特别是赵国在地理位置上，东北同东胡相接，北边与匈奴为邻，西北与林胡、楼烦为界。这些部落都以游牧为生，长于骑马射箭，他们常以骑兵进犯赵国边境。

赵武灵王看到胡人在军事服饰方面有一些特别的长处：穿窄袖短袄，生活起居和狩猎作战都比较方便；作战时用骑兵、弓箭，与中原的兵车、长矛相比，具有更大的灵活机动性。因此，为了富国强兵，赵武灵王在邯郸城提出"着胡服""习骑射"的改革主张，决心取胡人之长补中原之短。赵武灵王"胡服骑射"的实施促进了各地区，尤其是中原汉族与边地各少数民族间的经济、文化交流，奠定了中原华夏民族与北方游牧民族服饰融合的基础，进而推进了民族融合，促进了秦汉时期全国各民族大一统局面的形成。

哲学解读　　**历史唯物主义**认为，改革是一定社会为了解决社会基本矛盾而对生产关系和上层建筑进行的深刻的改变和革新，它是社会制度的自我调整和完善，是同一种社会形态发展过程中的量变和部分质变，是解决社会基本矛盾、促进生产力发展、推动社会进步的有效途径和手段。在一定社会形态总的量变过程中当社会基本矛盾发展到一定程度但又尚未激化到引起社会革命的程度时，就需要依靠改革的途径或手段，来改变与生产力不相适应的生产关系和与经济基础不相适应的上层建筑。

"胡服骑射"体现了改革的精神和求变图强的理念，是符合国家强盛、人民利益的创造性活动的产物，得到了人民群众的普遍认可和接受。

现实意义

❶ 胡服骑射的改革精神有利于推动中国式现代化的发展

新时代，我们应当弘扬胡服骑射的改革精神。改革是党和人民大踏步赶上时代的重要法宝；创新是一个国家兴旺发达的不竭动力。在改革创新、与时俱进中，中国特色社会主义制度不断完善，国家治理体系和治理能力现代化水平明显提高，全社会发展活力和创新活力明显增强。进入新时代，中国共产党就不断地在实践中推动改革，在改革中谋求创新，推动中国式现代化的发展。中国式现代化是人口规模巨大的现代化，是实现全体人民共同富裕的现代化，是追求物质文明和精神文明相协调的现代化，是追求人与自然和谐共生的现代化，是走和平发展道路的现代化。这体现了中国式现代化不同于西方的现代化，中国式现代化是在原有的现代化基础上进行创新与发展，是对现代化道路的一种改革和创新，为世界各国特别是发展中国家提供了新的发展模式。它不仅有利于本国的发展，也有利于世界的共同发展，最终实现美美与共、天下大同。

❷ 胡服骑射的改革精神有利于实现强国建设和民族复兴伟业

在历史的漫漫长河中，中华民族以革故鼎新、改革开放、与时俱进等改革创新精神创造了灿烂的物质文明和精神文明。尤其是改革开放以来，中国人民的锐意进取、开拓创新精神不断迸发，随着我国改革进入深水区，改革的阻力和难度越来越大，因此更需要以改革创新精神作为时代变革、社会进步的重要动力源泉。改革的目标就是要维护最广大人民的根本利益，始终坚持以人民为中心，汇聚磅礴伟力，为实现强国建设和民族复兴伟业不懈奋斗。目前，中国拥有历史上从未有过的、世界第二大经济体、现代化国家的综合国力与物质成果基础。面对几代中国人梦寐以求、呕心沥血为之奋斗的中华民族伟大复兴事业，面对无前人可以借鉴、改革创新的"中国道路"历史性开拓，当代中国人唯有肩负中国梦的使命与担当，唯有在复兴实现道路上"改革永无止境"，在梦想追求过程"创新永不停息"，才有资格、有能力担当这前所未有的历史使命。而这，也正是中国梦改革创新真正意义上的时代特征、文化内涵与精神实质所在。

❸ 胡服骑射的改革精神有利于推动构建人类命运共同体

"万物得其本者生，百事得其道者成。"党的十八大以来，中国积极推进全球共同发展，先后提出建设"丝绸之路经济带"和"21世纪海上丝绸之路"的"一带一路"合作倡议，倡议设立亚洲基础设施投资银行，与若干国家和地区建立一系列合作机制，举办中国国际进口博览会等。"一带一路"既是我国扩大对外开放的重大举措，也是我国参与全球治理的一次大胆尝试，是构建人类命运共同体的伟大实践。10余年来，"一带一路"倡议从愿景到行动，从理念到共识，从夯基垒台、立柱架梁到全面深入发展，国际影响力不断提升。我国通过构建"一带一路"让许多发展中国家获得了中国企业的大量基础设施建设投资；有些中国企业在共建"一带一路"国家建设了境外经贸合作区，为当地人民提供了新的就业机会；中国的杂交水稻也已在共建"一带一路"国家得到较为普遍的推广，大幅提升了相关国家的粮食产量，解决了相关国家的温饱问题；交通基础设施的改善直接带动了一些国家产品对中国的出口。"一带一路"不是一家独唱而是百家合唱。在这个具有挑战的时代，中国正以崭新的姿态站在世界舞台中央，为世界提供着中国智慧和中国方案，展现着大国的担当，为构建人类命运共同体贡献着中国力量。

竿头日进

成语出处

宋代释道原《景德传灯录》卷十："师示一偈曰：'百丈竿头不动人，虽然得入未为真。百尺竿头须进步，十方世界是全身。'"

成语释义

竿头：高竿的顶端。竿头日进又可以说百丈竿头、百尺竿头，本义指百丈高的竿子顶端或百尺高的竿子顶端，指极高处，比喻道行修养的极高境地。比喻学问、事业、技艺等虽已达到很高的境地，但不能满足，还要不断进步。

成语典故

据宋朝释道原《景德传灯录》卷十中记载，当时有位高僧名叫景岑，号招贤大师，其佛学造诣极高，常被各地请去传道讲经。一天，他应邀到佛寺讲经时，有僧人施礼请他解答关于佛教最高境界——十方世界的问题。为了说明十方世界究竟是怎么回事，招贤大师当场唱了一句偈语："百丈竿头不动人，虽然得入未为真。百尺竿头须进步，十方世界是全身。"意思是：如果道行的修养到了百丈竿头那样的境地不再前进，那么，虽然了得，却还不是纯真；即使修到百尺竿头的顶端，仍然不能松劲，绝对不能自满，也绝对不能中途停止，要继续用心去做、仔细去做，才会取得更大的进步。

后来"百尺竿头须进步，十方世界是全身"这句偈诗在使用中，基本脱离了原本的佛教理，成了励志诗句，用于劝勉、激励人们在学习、生活、工作中，不要满足于已取得的成绩，要再接再厉，争取达到更高的境界，并由此诗句提炼出了成语"百尺竿头，更进一步"。

哲学解读 唯物辩证法认为,事物的相互联系构成了运动、变化和发展。物质世界处于永恒的运动之中,而物质世界的运动中内在地包含着事物的变化和发展,其中变化泛指事物发生的一切改变,发展则是事物变化中前进的、上升的运动。

"竿头日进"与马克思主义哲学的发展观相契合,强调每天都有进步,形容一个人在某个领域中不断地进步,不断地提高自己的能力和水平。这种进步不是一蹴而就的,而是需要不断地努力和积累的。

现实意义

❶ 道路自信推进中国特色社会主义事业竿头日进

马克思主义来到中国,不仅诞生了伟大的中国共产党,而且为中华民族和中国人民指明了社会主义道路的前进方向。社会主义是人类有史以来付诸实践的最先进的社会制度和政治理想,它代表了人类发展的前进方向,体现了人类文明的最高成果。全面建设社会主义现代化国家,需要党的领导、理论指引、制度保障、治理支撑、文化滋养等方面协同推进。坚定中国特色社会主义道路自信,是推动国家繁荣富强、人民幸福安康、社会和谐进步的基础和前提。

❷ 理论自信推进马克思主义中国化时代化竿头日进

竿头日进是马克思主义与时俱进的理论品质的生动体现。马克思主义是关于全世界无产阶级和全人类彻底解放的学说,它不仅揭示了人类社会的发展规律,也代表了人类历史的前进方向。在人类实践中产生并在指导人类实践中不断丰富、发展和完善,是马克思主义的鲜明特色;吸收借鉴人类一切文明成果，在向人类提供改造世界的方向的同时，也提供改造世界的方法论是马克思主义的理论基因。因此，与时俱进、竿头日进是马克思主义的天然属性。

马克思主义是同中国传承了几千年的优秀传统文化和广大人民群众绵延传承、日用不觉的价值观念相融通的，在理解和运用马克思主义的实践中与中华优秀传统文化结合，充分运用中华优秀传统文化的宝贵资源充实丰富自己，探索面向未来的理论创新，打开了中华文明理论创新的新空间，使马克思主义被赋予了民族化和时代化特色，一步一步深化了对共产党执政规律、社会主义建设规律、人类社会发展规律的认识，形成了一系列马克思主义中国化时代化的创新理论成果，实现了中华民族从站起来、富起来到强起来的伟大飞跃，为实现强国建设、民族复兴伟业提供了坚实的思想理论保证，对推动世界社会主义运动健康发展、开创人类文明新形态必将发挥重要作用。

❸ 制度自信推进中国式现代化竿头日进

中国特色社会主义制度是中国共产党对科学社会主义美好理想的制度性实践性探索。这一探索历史性地使受压迫的中国人民翻身做了国家的主人，把发展依靠人民、发展成果由全体人民共享由理念转化为实践，把高质量实现共同富裕由目标转变为行动。中国特色社会主义制度忠实地维护全体人民的根本利益，有效凝聚起全社会的资源和力量，能够依靠先进的生产关系最大限度地解放和发展生产力，因而具有竿头日进的制度基因。

中国特色社会主义的本质特征是中国共产党的领导，中国特色社会主义的最大优势是中国共产党的领导。中国共产党从诞生那一刻起，就把为中国人民谋幸福、为中华民族谋复兴作为自己的初心使命，并把中国特色社会主义道路作为实现中华民族伟大复兴的制度保障。中国特色社会主义制度，是马克思主义理论自信和中华优秀传统文化历史自信相结合的产物，体现了特色鲜明的制度自信。这种制度自信，不仅被建党百年以来的丰功伟绩所证实，也必将在全面建成社会主义现代化强国的伟大实践中得到体现。

❹ 文化自信推动文化强国建设竿头日进

创新始终是一个国家、一个民族向前发展的原动力，也是整个人类社会向前发展的助推器。中华优秀传统文化蕴含着竿头日进的遗传基因。中国人民是具有伟大创造精神的人民，中华文明是具有创新进取特性的文明。春秋战国时期的百家争鸣，是中国历史上第一次大规模的思想解放运动，产生了儒家的"仁义礼智信"、道家的"道法自然"、法家的"以法治国"、墨家的"兼爱、非攻、尚贤、尚同"和兵家的"止戈为武"等以"和善""崇道""进取"为主旋律，代表历史前进方向的思想流派，基本形成了中国传统文化体系，奠定了中华思想文化奔流不息、滚滚向前的文化基因。在几千年历史长河中，中华民族涵养了守正不守旧、尊古不复古的进取精神，不惧新挑战、勇于接受新事物的无畏品格，产生了影响人类文明进程的伟大思想工匠、伟大科技成果、伟大文艺作品，彰显了中华文明突出的创新性。中华优秀传统文化中渗透的思想观念、人文精神，闪耀着智慧的光芒，为中华民族世世代代所尊崇，深深熔铸在不同历史时期人们的精神血脉和价值观念中，成为习近平新时代中国特色社会主义思想的重要源泉与精神滋养。我们必须深刻认识和把握中华优秀传统文化的丰厚底蕴，坚定文化自信，推动文化强国建设竿头日进、再造辉煌。

别开生面

成语出处

唐代杜甫《丹青引》诗："凌烟功臣少颜色，将军下笔开生面。"

成语释义

别：另外。开：开创，建立。生面：新的面目。别开生面本义指凌烟阁（唐玄宗为褒奖功臣）里的功臣画像本已褪色，经曹将军重画之后才显得有生气。比喻开创新的局面或创立新的样式。

成语典故

唐代著名画家曹霸擅长画人物和马。一次，玄宗传曹霸进宫，当场叫人把他最喜爱的一匹叫玉花骢的名马牵来，命曹霸为它作画。曹霸飞快地挥舞墨笔。不多久，威武神骏的玉花骢就展现在白绢上。玄宗越看越满意，赏赐给曹霸许多金帛，并且封他为左武卫将军。

755年，安禄山、史思明发动安史之乱，唐玄宗逃往四川。曹霸也流落到成都，靠在街头替路人画像过活，晚境极其凄凉。一次，著名诗人杜甫来到成都，在朋友家里看到曹霸画的《九马图》，得知这位名噪一时的画家也在成都，便马上去寻访，终于在街头找到了曹霸。杜甫了解了曹霸的身世和遭遇后，非常同情和感慨，写了一首诗《丹青引赠曹将军霸》赠给他。

哲学解读　　**唯物辩证法**认为，事物是变化发展的。发展的实质是新事物的产生和旧事物的灭亡。新事物是指合乎历史前进方向、具有远大前途的东西，旧事物是指丧失历史必然性、日趋灭亡的东西。

"别开生面"与马克思主义哲学中"事物的变化发展"观点相契合，正是这种新事物的产生、旧事物灭亡的新陈代谢运动，才使世界蓬勃发展，这就要求我们用发展的眼光看问题，反对用孤立的、静止的、片面的观点看问题。

现实
意义

❶ 马克思主义中国化时代化开辟了别开生面的新境界

中国在发展进程中不断推进马克思主义迈向新阶段、展现新气象。马克思主义中国化时代化根源于中华民族伟大复兴的实践和时代需要，贯穿于新民主主义革命时期、社会主义革命和建设时期、改革开放和社会主义现代化建设新时期、中国特色社会主义新时代，在中国共产党百年历史性实践中获得不竭动力，同时创造了中国化时代化的马克思主义，实现了自身的发展、创新和飞跃。作为马克思主义中国化时代化的最新成果，习近平新时代中国特色社会主义思想是当代中国马克思主义、21世纪马克思主义，是中华文化和中国精神的时代精华，不断开辟了马克思主义中国化时代化新境界。

❷ "两个结合"谱写了中华优秀传统文化别开生面的新华章

马克思主义和中华优秀传统文化彼此存在高度的契合性，二者的"结合"产生了"深刻的化学反应"，使马克思主义不仅具有"中国内涵"，而且具有"民族形式"，造就了一个有机统一的新的文化生命体，让马克思主义成为中国的，中华优秀传统文化成为现代的，让经由"结合"而形成的新文化成为中国式现代化的文化形态。坚持以人民为中心的发展思想，展现"以百姓心为心"的品格，使我们党始终拥有执政的坚实根基和最大底气；推进生态文明建设，彰显"天人合一""道法自然"的哲理，让我们的祖国天更蓝、山更绿、水更清；构建人类命运共同体的理念与行动，折射"协和万邦""天下一家"的胸襟，为世界发展进步指引前进方向。在绵延5000年的历史长河中，无数中华儿女团结互助，相互学习，共同创造了源远流长，博大精深的中华传统文化，为中华民族的生生不息、发展壮大提供了强大的精神支撑。

当前，我国发展面临新的战略机遇、新的战略任务、新的战略阶段、新的战略要求、新的战略环境。我们深刻认识到，只有把马克思主义基本原理同中国具体实际相结合、同中华优秀传统文化相结合，坚持运用辩证唯物主义和历史唯物主义，才能别开生面地正确回答时代和实践提出的全新问题，才能始终保持马克思主义的蓬勃生机和旺盛活力。

❸ 中国式现代化开启了中华文明别开生面的新形态

人类文明博大精深，在发展过程中呈现出不同形态。中华文明新形态，是我们党领导人民在走中国式现代化道路过程中创造的别开生面的人类文明新形态。中华文明新形态致力于人的全面发展，坚持以人民为中心，坚持走共同富裕道路，致力于各种文明综合平衡，推动物质文明、政治文明、精神文明、社会文明、生态文明协调发展；致力于协调人与自然关系，坚持人与自然和谐共生；致力于各种文明交融发展，既继承和发展中华文明，又注重吸收人类创造的一切优秀文明成果；致力于和平发展，共同进步，始终把和平共处，互利共赢作为处理国际关系的基本准则，倡导共商、共建、共享，坚持多边主义。反对霸权主义、单边主义，推动构建人类命运共同体。

我们坚持和发展中国特色社会主义所创造的人类文明新形态，有利于让中华文明同世界各国人民创造的丰富多彩的文明一道，为人类社会的发展提供正确的精神指引和强大的精神动力。

新益求新

成语出处

清代王韬《练水师》："西国船制，日有变更，精益求精，新益求新。"

成语释义

新：在内容和本质上与过去或既有事物不同的新事物。新益求新本义指已经新了，还要求更新。

成语典故

王韬是我国近代著名维新派的先驱，新益求新是他毕生的追求和写照。因遭清政府迫害，王韬早年曾经流亡欧洲二十多年，亲历并深切体会中西方的巨大差距，因而提出了全面向西方学习的主张。在政治上，倡导学习西方全新的资本主义制度和自由平等之文化；在经济上，倡导学习西方"农商皆本"的全新本末观；在教育方面，不仅倡导学习西方新式技术，还特别重视提高国民素养，以习惯新式生产生活方式；在军事方面，提倡学习新式军事文明成果，以促进中国传统武器装备的更新。他死前的三年，还约见了一位从广东出发向李鸿章上书的新式青年，帮他修改了上书，并让自己的朋友帮忙举荐给李鸿章，因为他在这个年轻人的身上，看到了新的力量，此人便是未来的新伟人孙中山。王韬的改良派思想较其前辈更进一步打开了自两宋以降闭合的传统思想格局，接纳了更多的近代西方思想，由此启导了他的后辈。

哲学解读　　**唯物辩证法**认为，事物是不断变化发展的，发展的实质是新事物的产生和旧事物的灭亡。新事物是指合乎历史前进方向、具有远大前途的东西，旧事物是指丧失历史必然性、日趋灭亡的东西。

　　"新益求新"体现了马克思主义哲学中"事物的永恒发展"的观点，是一种不断追求事物运动发展发生新的变化的活动，是人们有目的有意识地积极进取、超越常规，实现实践或思维突破性发展的状态。

**现实
意义**

❶ 新益求新彰显马克思主义与时俱进的理论品质

　　理论是时代的产物，是对时代实践问题的理性思考，实践没有止境，理论创新也没有止境。建党一百多年来，中国共产党在领导中国革命、建设、改革过程中，一方面，牢牢坚持马克思主义指导地位不动摇；另一方面，新益求新，与时俱进，不断用丰富的中国实践来推动马克思主义中国化时代化发展，从而引领党和人民事业不断开创新局面。

　　理论的生命力在于不断创新，马克思主义中国化时代化就是要求我们要把马克思主义基本原理与中国具体实际和中华优秀传统文化相结合，同时还要与时代特征相结合，在理论和实践上正确回答和应对中国与世界、现实与未来的一系列重大理论和实践问题，并在此基础上，不断彰显马克思主义与时俱进的理论品质，不断赋予马克思主义全新的时代内涵，不断彰显中国化马克思主义的世界意义，使马克思主义永葆生命力、创造力和感召力。

❷ 新益求新彰显中国共产党改革创新的精神状态

　　改革创新是一个政党永葆生机和活力的源泉，是不断增强党的创造力、凝聚力和战斗力的必然要求。一百年来，我们党始终坚持开拓创新，高度重视自我革命，并为此进行了长期不懈的探索，这是我们党始终保持先进性和纯洁性，始终走在时代前列的关键所在，是我们党不断发展壮大，始终立于不败之地的根本保障。

中国共产党是中华优秀传统文化的坚定传承者、持续创新者，是当代中国文化的积极开拓者、践行者。坚定文化自信自强，就是要坚持把马克思主义基本原理同中国具体实际、同中华优秀传统文化相结合，并同我国传承千年的优秀历史文化与广大人民习以成风的行为价值习惯相互契合、融通，始终保持一种改革创新的精神状态，保证我们党在创新实践中永葆蓬勃生机活力。

❸ 新益求新彰显中华文明守正创新的精神动力

新益求新要求坚持守正创新，在赓续传统中创造我们时代的新文化。中华文明传承千年而不断推陈出新，历经无数时代变革而始终独领风骚，既保存了历史传承的精华，又彰显了当代人的价值风貌，体现着千年来中国人民守正不守旧、尊古不复古的进取精神与不惧新挑战、勇于接受新事物的无畏品格。要坚持以新的技术手段、新的表达方式赋予传统文化全新的时代内涵，激活中华优秀传统文化的生命力，激发人民敢于创新、勇于创造的主动精神，为创造新时代新文化、建设中华民族现代文明提供更加澎湃昂扬的精神动力。

中国共产党的百年历史，正是探索和创造人类文明新形态的历史。中国特色社会主义所创造的人类文明新形态，立足于党领导人民的革命、建设、改革的伟大实践，立根于以人民为中心的价值追求，立志于民胞物与、天下大同的世界情怀，具有生机盎然的生命力和新益求新的创新力。

独辟蹊径

成语出处

清代叶燮《原诗·外篇上》："于是楚风惩其弊……抹倒体裁、声调、气象、格力诸说，独辟蹊径。"也作独开蹊径。

成语释义

辟：开辟。蹊径：小路。独辟蹊径本义指独自开辟一条新路，比喻独创一种风格或新的方法、思路。

成语典故

清代诗论家、诗人叶燮因晚年在横山草堂设馆收徒，所以世称"横山先生"。他的诗论著作《原诗》被认为是继《文心雕龙》之后，中国文艺理论史上最具逻辑性和系统性的一部理论专著。他在其《原诗·外篇上》论述楚国文化的变革，非常欣赏楚文化的创新胆识，说无论从体裁、声调、气象、格力等等方面，楚文化都开辟了和以前文化不一样的风格，给人耳目一新的感觉，可谓"独辟蹊径"，"独辟蹊径"一词由此流传开来。也有人把"独辟蹊径"称之为"独开蹊径"。

哲学解读　　**唯物辩证法**认为，矛盾的普遍性和特殊性是辩证统一的关系。

"独辟蹊径"体现了马克思主义哲学中"矛盾的特殊性"原理。矛盾的特殊性即矛盾的个性，是指矛盾着的事物及其每一个侧面各有其特点。要求我们具体问题具体分析，在矛盾普遍性原理的指导下，分析矛盾的特殊性，并寻找正确的方法解决问题。不同事物有不同的矛盾，独辟蹊径才能找出解决问题的新方法、新思路。

**现实
意义**

❶ 中国共产党独辟蹊径开创了中国特色社会主义崭新道路

自马克思主义进入中国以来，中国共产党人始终坚持运用马克思主义结合中国具体实际探索民族独立、人民解放和国家富强、人民幸福道路，这个过程也是中华优秀传统文化和马克思主义双向接纳、互相成就的过程。中国特色社会主义道路，从来就没有一帆风顺过，都是中国共产党在面临重大风险挑战和复杂严峻考验时，坚定信念、独辟蹊径，以伟大自我革命引领伟大社会革命不断奋斗出来的，彰显着深厚的中国特色。

❷ 中国共产党独辟蹊径为全球治理贡献了中国方案

"一带一路"倡议是中国共产党实施中国特色大国外交战略的伟大创举。十余年来，"一带一路"建设顺应了时代发展的潮流，为全球治理提供了中国方案，为增进世界人民福祉贡献了中国智慧，展现了中国的大国责任和担当。

驰骋欧亚大陆的中欧班列，为世界经济发展注入了新动力。促进了沿线国家经济文化交流日益繁密，深刻改写了国家间交往的深度和广度，推动构建人类命运共同体的理念更加深入人心。

展望未来，中国将持续深入推进政策沟通、设施联通、贸易畅通、资金融通和民心相通，以"创新、协调、绿色、开放、共享"的新发展理念为引领，继续挖掘新的合作领域和空间，增强推动高质量发展的动能，继续坚持在发展中改善民生，共同推进各国经济社会高质量发展。

❸ 中国共产党独辟蹊径创造了人类文明新形态

中华文明具有突出的创新性，决定了中华文化具有对世界文明兼收并蓄

72

的开放胸怀，能够正确取舍、不断接纳、有机融合不同民族和文化传统，不断消化吸收外来文明精华，在多民族文化融合和中外文化交汇中不断发展壮大。

中国式现代化是一种全新的人类文明形态。中国共产党坚持和发展中国特色社会主义，推动物质文明、政治文明、精神文明、社会文明、生态文明协调发展，审时度势、因地制宜，创造性地提出了中国式现代化的新发展道路，创造了人类文明新形态。党的二十大报告明确概括了中国式现代化具有人口规模巨大、全体人民共同富裕、物质文明和精神文明相协调、人与自然和谐共生、走和平发展道路五个特色，深刻揭示了中国式现代化的科学内涵。实践正在证明，中国式现代化走得通、行得稳，是强国建设、民族复兴的唯一正确道路，是一条能为人民谋幸福的康庄大道。

独树一帜

成语出处

清代袁枚《随园诗话》卷三:"元、白在唐朝所以能独树一帜者,正为其不袭盛唐窠臼也。"

成语释义

树:竖立。帜:旗帜。独树一帜本义指单独竖起一面旗帜,比喻独特新奇、与众不同,自成一家。

成语典故

清朝诗人、散文家、文学批评家和美食家袁枚倡导"性灵说",主张诗文审美创作应该抒写性灵,要写出诗人的个性,表现出个人生活遭遇中的真情实感。正因如此,他在其著作《随园诗话》卷三中称赞唐代诗人元稹和白居易,说他们之所以能在唐朝文坛中做到独树一帜,是因为他们的诗接近生活,反映了民生疾苦,写出具有现实主义精神的诗歌,没有落入盛唐诗风的窠臼中。成语"独树一帜"由此广为流传。

哲学解读 **唯物辩证法**认为,矛盾的普遍性和特殊性是辩证统一的关系。

"独树一帜"体现了马克思主义哲学中"矛盾的特殊性"原理,矛盾的特殊性即矛盾的个性,指矛盾着的事物及其每一个侧面各有其特点。要求我们在矛盾的普遍性中善于发现事物的特殊性,敢于突破常规,善于破解矛盾,确立新观念,开拓新境界。

现实
意义

❶ 独树一帜的精神是我们坚定文化自信的重要源泉

　　中华文明是唯一至今从未中断的悠久文明，犹如浩浩荡荡的黄河、长江奔流不息，始终显示出顽强的生命力和无穷的创新力，在人类历史长河中走过了独具特色的辉煌历程。薪火相传、一脉相承的中华优秀传统文化，今天仍然闪耀着时代的光芒，蕴含和展示着独树一帜的文化精神、文化气度，是我们坚定文化自信的重要思想源泉。

　　在古代，中华优秀传统文化的独树一帜让中国的科学技术长期处于世界的前列。总的来说，我国古代科学技术注重实际运用，具有实用性和综合性的特点。中国的数学早于西方几百年，形成了以计算见长、以解决实际问题为特点的数学理论体系；中国的天文历法以农业应用为本，对天体位置的计算十分精确，历法应用的规模之广、延续的时间之久为世界罕见；古代中国的蚕丝织物，令当时的欧洲人特别钟爱，由此带来了丝绸之路的长期繁荣；中国的瓷器名扬四海，在中世纪的西方比黄金还贵；中国铁器也在世界上领先了两千年之久，其产量、质量都令西方称美不已；中国的农学著作发表之早、数量之多为世界之最；中国医药学自成一家，为世界瞩目。在今天，中国的科学技术不仅改变中国，而且深刻影响着世界，吸引着全球目光。高铁与网购并非始于中国，但中国人用自己的智慧与创造独树一帜，矗立起它们的世界高度。

❷ 独树一帜的品格是马克思主义中国化时代化的重要体现

　　科学的理论是正确行动的先导。马克思主义理论不是教条而是行动指南，必须随着实践发展而发展，每个国家运用马克思主义，都必须入乡随俗，融入本民族的文化血脉。马克思主义中国化时代化是把马克思主义基本原理同

75

中国具体实际相结合、同中华优秀传统文化相结合的产物。走中国特色社会主义道路，必须也只能依靠中华优秀传统文化，才能从底蕴深厚、活力无穷的中华优秀文化宝库中不断汲取营养、补充能量、增强动力，马克思主义中国化时代化的探索之路才能充满生机活力并无限广阔，才能被时代和实践不断赋予生动鲜活的中国特色，马克思主义才能落地生根、深入人心。

马克思主义中国化时代化是马克思主义在中国的创造性发展，书写了马克思主义发展史上的伟大篇章，推动了中国共产党与中国人民的伟大觉醒，使实现中华民族伟大复兴的历史进程由被动转向主动。历史和实践反复证明，马克思主义这一科学理论之所以能够在中国获得成功，是因为它从进入中国的那一刻起，就不断被中华文化赋予鲜明的中国特色和时代特征。历史和实践将不断证明，在中国坚持和发展马克思主义，只有也必须同中国具体实际相结合、同中华优秀传统文化相结合，马克思主义才能入乡随俗、生根开花，进而不断打上特色鲜明、生动鲜活的中国烙印。

❸ 独树一帜的思维是中国特色社会主义的重要基础

中国特色社会主义道路的选择，是历史的必然选择、人民的必然选择，也是中华文化的必然选择。中华五千年文明历经各种磨难而绵延不绝、遭遇各种挫折而生生不息，具有无与伦比的生命力和强大的"遗传基因"，不仅孕育了博大精深的中华优秀传统文化，也赋予科学理论鲜明的中国特色，中国特色社会主义在古老的东方大国实现从特色道路到特色制度再到特色理论的不断跃迁。

历史和现实一再表明，只有社会主义才能救中国，只有中国特色社会主义才能发展中国。科学社会主义的主张受到中国人民的热烈欢迎和由衷拥护，并最终扎根中国大地、开花结果，绝不是偶然的，而是同我国传承了几千年的优秀历史文化和广大人民日用不觉的价值观念融通的。只有扎根本国土壤、汲取充沛养分的制度，才最可靠、也最管用。汲取了中华文明精髓的中国特色社会主义制度，是迄今为止人类历史上最为先进、最有生命力、最有前景的社会制度，拥有无可比拟的优越性。中国特色社会主义道路，是从中华民族五千多年悠久文明的传承发展中走出来的，是中国共产党领导中国人民在实践基础上独树一帜、独辟蹊径开创的一条中国式现代化道路。只有这条道路能够引领中国进步、增进人民福祉；只有这条道路能够推动国家繁荣、实现民族复兴。

青出于蓝

成语出处

战国荀子《荀子·劝学》:"青,取之于蓝而青于蓝;冰,水为之而寒于水。"

成语释义

青:靛青,青色颜料。蓝:蓼蓝,蓝草,一种可以提炼颜色的草。靛青是从蓼蓝里提炼出来的,但是颜色比蓼蓝更深。青出于蓝比喻学生超过老师、后人胜过前人。

成语典故

战国著名思想家、文学家荀子在论说文《劝学》中写道:"青,取之于蓝而青于蓝;冰,水为之而寒于水。"用青与蓝、冰与水的关系来比喻任何人通过发奋学习都能进步,今日之我可以胜过昨日之我,学生也可以超过老师。在我国古代,有很多青出于蓝的故事,给人们很大的启迪。

孔璠是南北朝时期一位非常著名的学者。他曾收过很多弟子,其中一个弟子叫李谧,勤奋好学,孔璠非常喜欢他,将自己的学问全部教授给他。李谧非常用功,几年后,他的知识和学问就超过了老师,但李谧非常谦虚,在老师面前从不表现。有一次,孔璠遇到了难题,就询问李谧。李谧觉得孔璠是老师,自己虽然知道答案,但并没有表现得比老师高明,在解答问题时吞吞吐吐,表现得极不自然。孔璠非常认真地对李谧说:"我向你请教问题,你不要因为担心我的面子,明知道答案却不回答。"

孔璠虚心向学生求教的事情传出去后,受到了当时士林中人的褒扬。有人为此编了一首短歌,颂扬孔璠不耻下问的精神,也赞扬李谧尊师重道的精神:"青成蓝,蓝谢青;师何常,在明经。"

哲学
解读　　**青出于蓝**是一种创新精神的体现，激发人们要勇于创新。只有敢于尝试新的事物，才能有更多的机会，也才能发现更多的可能性。这种精神契合了马克思主义的发展观，发展的实质是事物的前进和上升，是新事物的产生、旧事物的灭亡。发展的本质是事物不断实现自身的"扬弃"，向着更高的层次不断前进。青出于蓝要求我们用发展的眼光看问题，要把事物当作一个变化发展的过程，明确事物所处的阶段和位置，与时俱进，培养创新精神，促进新生事物的成长。我们应该不断地学习、创新和探索，不断地超越自己，不断地超越前人。我们不能仅仅满足于跟随前人的脚步，而应该有自己的思考和创新。只有这样，才能在激烈的竞争中脱颖而出，取得更大的成就。

现实
意义

❶ 从民本思想到人民至上体现了青出于蓝的历史逻辑

从历代民本思想到中国共产党人民至上的治国理念，充分体现了青出于蓝的历史逻辑和哲学思想。

古代神话传说中的神农尝百草、大禹治水等，反映了部落首领对部落成员和社会所表现的本能性的责任感，就有民本思想的胚芽。

"敬天保民"是萌发于殷周的先秦民本思想。《尚书·五子之歌》中"民惟邦本，本固邦宁"的意思是：民众是国家的根本，百姓安居乐业，根本稳固，国家才能安定。历史上诸多学者都推崇民本思想，孔子的"君以民存，亦以民亡"、孟子的"民为贵，社稷次之，君为轻"、荀子的"水则载舟，水则覆舟"、朱熹的"国以民为本，社稷亦为民而立"、范仲淹的"先天下之忧而忧，后天下之乐而乐"、黄宗羲的"天下之治乱，不在一姓之兴亡，而在万民之忧乐"……所有这些观点都认为民心向背决定了国家的生死存亡，治国理政重在得民心。直到今天，中国传统民本思想仍然具有强大的生命活力。

中国共产党创造性地借鉴了中国传统民本思想的合理内核，提出坚持以人民为中心的发展思想。中国共产党自诞生之日起就认为，人民，只有人民，才是创造世界历史的动力；党的十一届三中全会以后，中国共产党把人民拥护不拥护、赞成不赞成、高兴不高兴、答应不答应作为制定方针政策和作出决断的出发点和归宿；之后又明确提出，中国共产党始终代表中国最广大人民的根本利益；进一步要求坚持以人为本，实现好、维护好、发展好最广大人民的根本利益；特别是进入新时代，中国共产党提出人民对美好生活的向往就是我们的奋斗目标，江山就是人民，人民就是江山，我们打江山守江山，守的就是人民的心……这些重要论断，将马克思主义群众观与中华优秀传统文化中的民本思想相结合，在此基础上凝练并升华出"以人为本、执政为民"的执政理念，强调全党必须深刻认识党同人民生死相依、休戚与共的血肉联系，践行以人民为中心的发展思想，更好地为人民谋幸福、依靠人民创造历史伟业。

❷ 从天下为公到人类命运共同体体现了青出于蓝的哲学思想

生活于新石器中晚期时代的炎帝神农，亲耕亲织、同劳同享的大同境界，对后世产生了深远的影响。《礼记·礼运》中"大道之行也，天下为公。选贤与能，讲信修睦"，展示了孔子的大同思想。先秦时代孕育的大同思想，后逐渐发展成为中国古代思想中带有普遍性的文化与价值取向。东晋陶渊明的《桃花源记》艺术地展现了大同社会的风貌，表现了作者对理想社会的憧憬。清代学者康有为在《大同书》中提出建立"大同之世，天下为公，无有阶级，一切平等"的理想世界。孙中山先生的民有、民治、民享的三民主义蕴含着"大道之行也，天下为公"的思想。天下为公、天下大同是中华文化道德精神的根脉，是社会公德的最高原则。从孔夫子到孙中山，中华民族对这一理想的追求一以贯之，由此影响了数千年中国历史的进程，铺染了无数中华儿女的生命底色。从天下为公到人类命运共同体理念，充分体现了青出于蓝的哲学思想。

天下为公、天下大同的社会理想与马克思主义相通而契合。早期的马克思主义者李大钊把大同思想与共产主义理想联系起来，中国共产党的伟大斗争将天下为公的理想真正变成现实。我们在世界上人口最多的国家里，完成脱贫攻坚，实现全面小康，形成世界上人口最多的中等收入群体。这是对天下为公的最好诠释。

中国首倡的人类命运共同体理念，主张人类应该和衷共济、和合共生，共同创造更加美好的未来。人类命运共同体理念愈益彰显出强大的影响力、生命力、感召力，成为引领时代潮流和人类前进方向的鲜明旗帜。中国共产党继承和发展了中华传统文化中的"天下观"，既为中国人民谋幸福、为中华民族谋复兴，也为人类谋进步、为世界谋大同，既心系人民，又胸怀天下，为创造人类美好未来提供强大的支撑。

❸ 从"以师为本"到"以生为本"体现了青出于蓝的教育理念

教育是一个亘古不变的话题，是民族振兴与社会进步的基石。在教育的行进道路中，老师扮演着不可或缺的角色，是学生知识体系构建的引导者，更是带领莘莘学子通往精神世界的引路人。教师应当积极贯彻落实"以学生为本"的教育理念，要从学生的实际出发，在注重发挥教师的主导作用和重视教育社会功能的同时，培养学生独立学习能力和综合能力，使学生获得全面、主动、有个性的可持续发展。

教育理念从"以师为本"转变为"以生为本"，有利于学生主体作用的调动，激发他们的学习热情和创造性，达到良好的教育效果，增强教育的针对性与实效性，有助于增强学生的创新实践能力，优化知识结构，适应社会主义建设的需要。

万象更新

成语出处

明代王徵《诸器图说·轮壶图说·铭》："泰圆毂转，块轧无垠。两轮递运，万象更新。睠彼昼夜，终古相因。流光难追，往哲竞辰。"

成语释义

象：事物或景象。更：改变，改换。本义指一切事物或景象都变得面貌一新。

成语典故

古人以象为吉祥。《魏书》卷十二载："元象元年春正月，有巨象自至砀郡陂中，南兖州获，送于邺。丁卯，大赦，改元元象。"南方诸国历代遣使进献驯象者屡有记载。两宋时期，宫廷中设有象院。每逢明堂大祀，都有象车游行。据文献记载：北宋时的汴京开封和南宋时的行都杭州，明堂大祀时"游人嬉集，观者如织"；还有的卖"土木粉捏妆彩小象儿，并纸画者，外郡人市去，为土宜遗送"（《东京梦华录》《梦粱录》等）。在象的背上驮一盆万年青，或在象的披巾上饰以"卍"字，即寓意为"万象更新"，通常与上句"一元复始"成春联。

哲学解读 **万象更新**强调一切事物都是发展变化的，体现了马克思主义哲学中"事物的永恒发展"观点，强调新事物的产生层出不穷。新事物因其具有强大的生命力，合乎历史前进方向，具有远大前途，因而在新陈代谢发展的过程中必然战胜旧事物。在社会历史发展的过程中，万象更新启示我们要促成新事物的产生，必须从根本上符合人民群众的利益和要求，能够得到人民群众的拥护，才能战胜旧事物。

现实
意义

❶ 中国共产党领导下的新中国朝气蓬勃、万象更新

自中国共产党成立以来，始终带领各族人民为了民族独立、人民解放和实现国家富强、人民幸福而不懈奋斗。经过国民大革命、土地革命、抗日战争和解放战争等 28 年的浴血奋战，于 1949 年 10 月 1 日终于建立了新中国。新中国成立之后中华大地上没有了硝烟，中华民族和中国人民实现了从站起来、富起来到强起来的伟大飞跃，中国的经济建设和综合国力发生了翻天覆地的变化。中国共产党领导中国人民在前进性和曲折性的统一中不断向前发展，持续推动国家向上向好发展，展现出朝气蓬勃、万象更新的新面貌。

❷ 人类命运共同体理念推动世界局势稳中求进、万象更新

在百年未有之大变局的影响下，世界各国人民希望超越国界、种族、信仰等种种差异，共同面对经济、政治、生态等全球性挑战，共同维护世界的和平与安宁，为人类的未来探索出更加可持续的发展路径。

我国在国际上一直保持负责任的大国形象，始终坚持和平共处五项基本原则，致力于构建人类命运共同体，促进世界局势稳中求进、万象更新。世界和平与发展的道路虽然是曲折的，但前途是光明的，只要世界人民满怀信心，共同克服困难，一定会迎来美好的明天。

让全世界人民共同致力于这个伟大的事业，为人类的未来贡献自己的力量。让我们携手努力，勇敢地面对挑战，加强合作，不断创新和进步，为世界注入新的活力和希望，共同构建一个更加公平、和谐、进步的世界，让万象更新的夙愿成为每个人心中的动力和信仰。

❸ 中华民族的现代文明新形态一元复始、万象更新

作为中华文明的最新形态,中华民族现代文明必然体现着当今时代的新的特征、新的诉求、新的时代质询及其回应。但是,根深方能叶茂。唯其拥有丰富、厚重而深邃的文化底蕴,才能行稳致远。特别是在现代性内在困境日益显露的今天,我们必须扬弃并超越启蒙维度,重估自己所拥有的传统,发现其在后现代性语境中的积极价值。在这一新的历史参照系中,中华传统文化中的优秀因子越来越得以凸显。例如,"天人合一"的文化理念对于改造并重建现代技术,以缓解人与自然之间的紧张关系,优化人的生存环境,具有深刻的启示作用。"以义制利"的价值取向,对于约束人们的贪婪,使其在利益的博弈中达成有序竞争,从而改善人与人的关系,重建社会信任体系,也有其不可替代的重要意义。所有这些,无疑都构成中华民族现代文明中的中国元素和特有优势。

吐故纳新

成语出处

战国庄子《庄子·刻意》："吹呴呼吸，吐故纳新，熊经鸟申，为寿而已矣。"

成语释义

吐：呼出。故：不新鲜的气体。纳：吸入。新：新鲜的空气。吐故纳新本义指吐出浊气，吸进新鲜空气，是道家养生术，即吐纳之功。后多比喻扬弃旧的、不好的，吸收新鲜的、好的。

成语典故

战国时代庄子《庄子·刻意》中的"吹呴呼吸，吐故纳新，熊经鸟申，为寿而已矣"描述了通过特定的呼吸练习、体式运动以及吐纳的方式，来达到锻炼身体和内心的效果，从而促进健康和长寿。在这里，"吹呴呼吸"和"熊经鸟申"都是形象的比喻，强调呼吸的调节和体式的运动对身体健康的重要性。庄子提出这种养生长寿的观念，是基于他对道的理解和对生命的敬畏。他认为，人的生命是有限的，而追求长生不老是不可能的，但是通过修炼自己的内心和身体，可以保持身心健康，延长寿命。这种观念与道家的"无为而治"思想相呼应，即通过自然的方式去养护生命，而不是过度追求物质财富和名利。

哲学解读　　**吐故纳新**意思是舍去旧事物中消极的因素，保留其积极的因素，并加以创新，与马克思主义哲学中"辩证的否定观"相契合。"吐故"是对旧事物中消极的、过时的、不适合新事物发展的要素的否定，"纳新"是增加旧事物不曾有的、有生命力的、代表事物发展方向的内容，体现了辩证的否定观。唯物辩证法认为，事物的发展是通过其内在矛盾运动以自我否定的方式实现的，否定是事物发展的环节，是旧事物向新事物的转变，是从旧质到新质的飞跃。事物自身的辩证否定，既不是简单地肯定一切，也不是简单地否定一切，而是既肯定又否定，既克服又保留，舍弃原有事物中陈旧的、消极的东西，吸取、保留原有事物中积极的、有生命力的东西，并以改造过的形式作为自身存在和发展的条件。辩证的否定的实质是"扬弃"。吐故纳新生动体现了辩证否定观，具有重要的方法论意义，启示人们要对一切事物采取科学的分析态度和方法。在考察事物时，必须在肯定中看到否定，在否定中看到肯定，不能肯定一切或否定一切。对待传统文化，要批判继承。对待外来文化，要有选择地吸收。

现实意义

❶ 吐故纳就是促进社会进步的前进力量

《诗经》有云："周虽旧邦，其命维新。"这启发后人在继承传统文化的同时进行创造性转化，不断吐故纳新，才能使旧邦维新、保持活力，推动社会结构的不断完善和经济的持续发展。吐故纳新鼓励摒弃陈旧的观念和方法，是新事物代替旧事物，推动社会进步的智慧力量。当代社会，信息技术发展日新月异，保持接纳新事物的态度，有助于推动知识和科技的进步，促进社会的创新和发展。通过吐故纳新，社会能够不断更新知识和技术，应对新的挑战和需求，能够促进社会制度和组织的改革。通过吐故纳新，社会能够不断更新制度和组织形式，适应社会变化和发展的需求；吐故纳新能够在一定程度上激发社会活力。吐故纳新鼓励不断创新和创造,通过开拓新的领域、提出新的理念和解决方案,激发社会的创新和创造力,推动社会的进步和发展。

❷ 吐故纳新是赓续中华文明的基本要求

中华文明上下五千年，延续着民族的精神和血脉，其薪火相传、代代守护着的繁荣文化，也需要吐故纳新，做到取其精华、去其糟粕，勇于创新、与时俱进。

透过历史的长镜头，我们可以看到，在中国古代，从甲骨到简牍，从写本到雕版，文字载体与古籍版本的流变，彰显了传统文化的有序传承，见证着中华文明的一种创新发展。从先秦子学、两汉经学、魏晋玄学、隋唐佛学，再到宋明理学的演变历程中，中国哲学论域不断继承与发展拓宽，持续迸发力量……中华文明在思想、技术、制度等各方面不断推陈出新、吐故纳新，以数千年大历史观之，中华文明才能始终保持生机活力。从汉唐气象、明清韵味，到今天的大国风范、复兴伟业，中华文明从创新中走来，也必将在创新中迈向未来，不断吐故纳新，使中国传统文化推动人类文明的进步。

中华文明浩如江河，滋养着中华大地，纵横万里，汇聚着煌煌文脉。中国传统文化要在继承创新中不断发展，沉淀出最深的精神追求，才能生生不息、繁荣昌盛。中华文明不断吐故纳新，赓续历史文脉，谱写当代华章，推动着整个人类文明的进步与发展。

❸ 吐故纳新是推动国家发展的重要动力

一个国家的发展，不仅需要保持稳定的基础，更需要持续地创新和变革。吐故纳新的精神正是推动国家发展的重要动力。

首先，吐故纳新意味着一个国家需要勇于舍弃过时的、不适应时代发展的观念和政策。在全球化和信息化的今天，国际环境日新月异，只有及时摒弃不合时宜的观念和政策，才能确保国家始终走在时代前沿。比如，一些传统的经济发展模式可能已经不再适应现代社会的需求，这时就需要国家敢于进行结构性改革，寻找新的发展路径。

其次，吐故纳新也要求一个国家积极接纳和学习新的国际经验和知识。在全球化的背景下，各国之间的交流与合作日益密切，其他国家的成功经验和先进技术，都可以成为本国发展的借鉴和动力。通过学习和借鉴，一个国家可以更快地提升自己的综合实力，实现跨越式发展。

最后，吐故纳新还需要一个国家保持创新精神和开放心态。创新是推动国家发展的核心动力，只有不断创新，才能在激烈的国际竞争中脱颖而出。同时，开放的心态也是必不可少的，只有保持开放，才能接纳新的思想和观念，促进国家的进步和发展。

和而不同

融会贯通

相辅相成

天下为一

万众一心

一德一心

突出的

统一性

众志成城

天下一家

志同道合

同舟共济

同心协力

患难与共

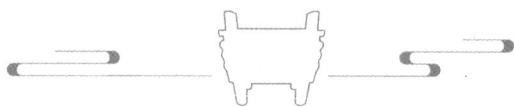

爱国主义是中华民族的精神内核，是中华文明突出的统一性的集中体现。

中国是一个统一的多民族国家。中华文化呈现出的"多元统一"、交融汇聚、相辅相成等突出的统一性特征，正是这种统一的多民族国家在历史演进过程中，以爱国主义为灵魂的民族精神持续铸魂润心、引领万众同心的必然结果。

中华文明突出的统一性在任何时代都发挥着强大的精神凝聚力和民族向心力，使中华民族和中华文化即使面对内忧外患、政权分裂、民族纷争，仍能保持着强大的向心力和顽强的意志力，并最终趋向完整与统一。从古至今，中国历史上无论风云怎样变幻，国家统一、民族团结始终是不变的主题，是中华民族奋进史和中华文明发展史的主旋律。

中华成语在传承发展中始终秉承着突出的统一性的思想内核。从"天下为一""天下一家"的不懈追求到"和而不同""相辅相成"的格局智慧，再到"同舟共济""患难与共"的决心意志，处处彰显着中华儿女自觉维护国家安全统一、坚决反对分裂的的共同价值观。爱国主义思想深入每一位中华儿女的骨髓血液，各民族相濡以沫、携手共进，逐渐形成了休戚与共的命运共同体。中华民族命运共同体意识既是中华优秀传统文化突出的统一性的鲜明标识，更是新时代新征程十四亿华夏儿女始终保持强大凝聚力和坚毅向心力的动力源泉。

实现中华民族伟大复兴需要我们沿着中华文明的历史足迹，众志成城、勇毅前行，坚定守护中华民族共同家园。建成社会主义现代化强国，需要我们通过"第二个结合"，以中华优秀传统文化突出的统一性为武器，将十四亿中国人民有效凝聚起来、有力组织起来，以中国式现代化共同谱写属于我们这个时代的现代文明新形态。

和而不同

成语出处

春秋战国时期《论语·子路》："君子和而不同，小人同而不和。"

成语释义

和：和谐。同：苟同。指和谐相处，但不盲从苟同。

成语典故

春秋战国时期，齐景公打猎返回国都，晏婴在国都外的遄台侍候齐景公。这时，梁丘据驱车到来，齐景公一向宠信梁丘据，见他来了，就对晏婴说："只有梁丘据与我和谐呀！"听了齐景公的话，晏婴对齐景公说："梁丘据也只不过和君上相同而已，哪里说得上和谐？"听了晏婴的话，齐景公觉得奇怪，便问晏婴："'和谐'跟'相同'不一样吗？"晏婴回答说："不一样。"晏婴解释说："和谐好像做羹汤，用水、火、醋、肉酱、盐、梅酱来烹调鱼和肉，用柴火烧煮，宰夫调和其味，味道太淡就增加调料，味道太浓就加水冲淡，君子吃了这样的羹汤，以平静其心；君臣之间也是这样，国君所认为可以而其中有不可以的，臣子指出可行的，去掉不可行的，因此政事平和而不违背礼仪，老百姓没有争夺之心。现在梁丘据不是这样，君上认为可行的，梁丘据也认为可行，君上认为不可行的，梁丘据也认为不可行，如同用水去调剂水，谁能吃它呢？如同琴瑟只有一个音，谁能听它呢？不应该相同的道理却为了趋炎附势而迎合您，就不是和谐了。"

哲学解读

和而不同就是保存矛盾对立面的和谐。其中的"和"是指和谐、统一，是不同事物相互补充、相互调适，以求达到总体和谐，体现了矛盾的同一性，不寻求整齐划一，有差异的事物共存就是"和"。"不同"指不

91

相同，体现了矛盾的斗争性。和而不同就是在一个统一体中，存在不同的东西，任何事物都存在矛盾，矛盾中所包含的对立又是统一的。唯物辩证法认为，矛盾的双方具有同一性，也有斗争性，斗争性寓于同一性之中，同一性通过斗争性来体现。矛盾双方无论是相互依存还是相互转化，都存在斗争性。

和而不同是矛盾同一性和斗争性原理的生动实践，告诉人们要正确把握和谐对事物发展的作用。和谐是矛盾的一种特殊表现形式，体现着矛盾双方的相互依存、相互促进、共同发展。和谐并不意味着矛盾的绝对同一，和谐是相对的、有条件的，只有在矛盾双方处于平衡、协调、合作的情况下，事物才展现出和谐状态。

现实意义

❶ 和而不同是中国文化中的优秀传统

和而不同充盈着客观辩证法思想，体现了中华优秀传统文化智慧所蕴含的生存发展理念，它强调了在多样性中寻求和谐、在差异中追求共识的重要性。和而不同理念展现出中国文化对于和谐社会的追求，以及对于个体和群体之间关系的深刻理解。和而不同的核心思想是在保持自身独特性的同时，实现不同个体之间的和谐共处，不同事物之间的兼收并蓄。它认为，多样性是世界的本质特征，而和谐则是人类社会发展的必要条件。因此，在处理人际关系和社会问题时，应该尊重不同个体和群体的差异，寻求共同点，促进和谐共处。

中国传统文化中的"和"字，有着极为丰富的内涵。它不仅指物质层面的和谐，更强调精神层面的和谐，这种"和"的理念，体现了中国传统文化对于和谐社会的追求。和而不同也体现了中国传统文化中的包容精神。中国传统文化注重兼收并蓄，即接纳并吸收不同文化和思想中的有益元素。这种包容精神，使得中国传统文化在发展过程中能够不断吸收新的养分，保持活力和创新。

　　和而不同不仅是中国文化中的优秀传统，也是现代社会应该积极倡导和实践的重要理念。在今天这个多元化的世界中，它有助于我们在处理人际关系和社会问题时保持开放和包容的心态，为人们处理现代社会中的问题提供了重要的启示和指导。社会的和谐、人与自然的和谐，都是在不断解决矛盾的过程中实现的。

❷ 和而不同是文化自信的智慧支撑

　　和而不同作为文化自信的智慧支撑，体现了一个国家和民族在保持自身文化特色的同时，积极吸收借鉴其他文化的有益元素，以实现文化的多元共融和自信发展。首先，和而不同有助于保持文化的独特性和多样性。在全球化的大背景下，各种文化相互交流、碰撞，和而不同的理念鼓励人们在保持自身文化特色的基础上，积极借鉴其他文化的优点，实现文化的多元共融。其次，和而不同有助于提升文化自信。文化自信是一个国家和民族对自身文化的认同和自信，是和而不同理念的重要体现。在吸收借鉴其他文化的过程中，人们能够更好地认识和理解自身文化，从而增强文化自信。最后，和而不同有助于推动文化的创新和发展。在保持文化特色的基础上，积极吸收借鉴其他文化的有益元素，能够为文化的创新和发展提供源源不断的动力。这种创新不仅表现在文化产品的创作上，还表现在文化理念、文化价值观等方面的创新。和而不同的理念推动文化的多元共融和自信发展，为国家和民族的发展提供强大的精神支撑。

❸ 和而不同是构建人类命运共同体的文化底蕴

　　构建人类命运共同体具有和而不同的文化底蕴。中华优秀传统文化中的"和"理念，是中华民族几千年来的重要价值取向。人类命运共同体强调世界和谐,世界上有着多个国家,存在文化、制度、经济、习俗等方面的广泛差异,中国在处理国际关系中,一贯秉持和而不同的理念。以开放包容的心态虚心倾听世界的声音,尊重文化的多样性,充分展现各国文化在发展过程中的特色,互相交流借鉴,推动多元价值观的对话与融通。用和而不同的眼光来看待这个世界,维护世界文明的多样性。

在全球化背景下,各国相互联系、彼此影响,任何一个国家都不能,也不可能脱离其他国家而独自发展。这就要求国家与国家间摒弃一切形式的冷战思维和模式,平等对待世界上的每一个国家,尊重彼此的核心利益,"对话不对抗,结伴不结盟",在一些国际和地区重大问题上积极沟通、平等协商,构建互利共赢的伙伴关系,建设一个持久和平的世界。各个国家、民族在尊重差异的基础上进行文化交流,相互取长补短,从而实现"各美其美""美美与共"的良性发展。人类文明的多样性是世界的基本特征,也是人类社会进步的源泉。"一花独放不是春,百花齐放春满园",不同文明之间应当相互尊重、和谐共生、相互包容、求同存异。只有以包容和交流的态度去对待本国以外的文明,才能让文明交流互鉴成为增进各国人民友谊的桥梁、推动人类社会进步的动力和维护世界和平的纽带。

融会贯通

成语出处

宋代朱熹《答姜叔权》之一："举一而三反，闻一而知十，乃学者用功之深，穷理之熟，然后能融会贯通，以至于此。"

成语释义

融会：融合，领会。贯通：广泛地联系起来作透彻的理解。指各方面的知识和道理融合起来作连贯、深入的理解。

成语典故

朱熹从小就善于思考，对任何事物都要问个为什么。一个初秋的晚上，朱熹和父亲在院子里乘凉，父亲指着天空对他说："那就是天哪！"朱熹虽然不明就里，但是对这个问题产生了浓厚的兴趣。他通过不断学习和思考，最终对天文学、哲学等也有了深刻的理解和认识。

在朱熹看来，要真正掌握知识，必须深入事物的本质中去，不断地思考、实践、再思考。他强调"穷理之熟"，认为只有深入探究事物的本质和规律，才能够真正掌握知识，而融会贯通则是他所说的一个境界，只有通过不断学习和思考才能达到。

哲学解读 **融会贯通**要求学会用普遍联系、全面系统、发展变化的观点认识和观察事物，把握和运用事物发展规律，趋利避害，掌握主动。唯物辩证法认为，世界是普遍联系的整体，万事万物都是相互联系、相互依存的。这种由许多相互联系、相互作用的要素构成，并与周围环境发生关系的具有稳定结构和特定功能的有机整体称为系统。系统思维以确认事物的普

95

遍有机联系为前提，进而具体把握事物的系统存在、系统联系与系统规律，遵循以整体性、结构性、层次性、开放性和风险性等为基本内容的思维原则，目的是从整体上把握事物，并实现事物结构与功能的优化。

融会贯通启示人们坚持系统观念，把事物放在普遍联系的系统中来把握，在动态中把握事物，力求获得问题的最优解。

现实意义

❶ 弘扬优秀传统文化要学以致用、融会贯通

对待中华优秀传统文化，我们应该采取整体把握、融会贯通的态度。中华优秀传统文化是中华民族的智慧和结晶所在，是我们在世界文化激荡中站稳脚跟的根基，必须结合新的时代条件传承和弘扬好。把马克思主义基本原理同中华优秀传统文化相结合，实现中华优秀传统文化的创新发展，是传承和发展中华优秀传统文化的需要，也是中国特色社会主义文化发展的必由之路。

中华文化源远流长、博大精深，具有独特的文化价值和思想体系。只有深入了解和把握中华优秀传统文化的精髓，才能更好地传承和发展这一宝贵文化遗产。中国特色社会主义文化是在传承中华优秀传统文化的基础上，结合当代中国实际和时代特征形成的。只有将中华优秀传统文化的精髓与新时代中国特色社会主义伟大实践相结合，才能推动中国特色社会主义文化的创新与发展，为中华民族伟大复兴提供强大的精神支撑和智力支持。

实现中华民族伟大复兴，要求中国共产党人担负起新的文化使命，推动中华优秀传统文化创造性转化、创新性发展，铸就中华文化新辉煌。我们要准确把握马克思主义思想精髓同中华优秀传统文化精华相贯通的基本要求与有效途径，实现内容上的联结、方法上的契合、价值上的汇通，推动马克思

主义基本原理同中华优秀传统文化相结合跃上新台阶、取得新成就。

❷ 学习党史要"学""思""践""悟"融会贯通

欲知大道，必先为史。要想学好百年党史，必须在学上下功夫。我们要原汁原味地学，真正领会其中蕴含的重大理论和实践成果。深刻理解中国共产党为什么能、马克思主义为什么行、中国特色社会主义为什么好这些基本道理。党的百年奋斗史，蕴含着无数革命先辈光辉璀璨的事迹和英勇无畏的精神，在党史学习过程中，不能只浏览不思考，只注意学习的速度不注重学习的质量。我们应该边学边思，使学有所得。若说"思"是对学习的再凝练，"践"是对学习的再深入，那么"悟"则是对学习的再升华，而理论创造创新恰恰离不开"悟"的过程。学习党史要多悟，因为即使是同一本书、同一个故事，每多了解一次，也能悟出更多收获。党史学习教育，理论学习是基础，实践才是关键。

学党史还要善于结合、学会传承、融会贯通。学党史不仅要与理论学习相结合，还要学会举一反三、融会贯通，要总结党的成功经验，用于指导实践工作。要用好调查研究这个重要法宝和群众路线的根本工作方法，将学党史与群众教育结合起来，让人民群众明白今天的美好生活来之不易，这是无数共产党人艰苦奋斗换来的，让老百姓从心底里感党恩、听党话、跟党走，热爱党、拥护党。

❸ 贯彻习近平新时代中国特色社会主义思想要整体把握、融会贯通

习近平新时代中国特色社会主义思想是一个系统完备、逻辑严密、内涵丰富、博大精深的科学体系，贯通马克思主义哲学、政治经济学、科学社会主义，贯通改革发展稳定、内政外交国防、治党治国治军等各领域各方面，是战胜前进道路上各种风险挑战的强大武器，是引领我们推进强国建设、民族复兴的根本指引。要真正把马克思主义看家本领学到手，深刻理解和把握

这一思想的丰富内涵和精神实质,深刻感悟蕴含其中的精髓要义和思想风范,把握其对推进中国式现代化朝着中国特色更加鲜明、优势更加彰显、前景更加光明的方向前进的重大意义。

马克思主义是我们立党立国、兴党兴国的根本指导思想。实践告诉我们,中国共产党为什么能,中国特色社会主义为什么好,归根结底是马克思主义行,是中国化时代化的马克思主义行。习近平新时代中国特色社会主义思想主要围绕"新时代坚持和发展什么样的中国特色社会主义、怎样坚持和发展中国特色社会主义""建设什么样的社会主义现代化强国、怎样建设社会主义现代化强国""建设什么样的长期执政的马克思主义政党、怎样建设长期执政的马克思主义政党"等一系列时代问题展开论述。我们要全面学习领会习近平新时代中国特色社会主义思想的重大意义、科学体系和精髓要义。

学习领会习近平新时代中国特色社会主义思想的科学体系、精髓要义,要求做到整体把握、融会贯通。必须将马克思主义同中华优秀传统文化和中国精神融会贯通,推动马克思主义中国化时代化实现新的飞跃,为强国建设和民族复兴提供科学的理论指引,让党的指导思想保持与时俱进。

相辅相成

成语出处

清末民初梁启超《初归国演说辞》："此二派所用手段虽有不同，然何尝不相辅相成！"

成语释义

辅：辅助。指两件事物互相辅助、相互促成，缺一不可。

成语典故

1911年，辛亥革命爆发，推翻了清政府的统治，建立了中华民国。1912年梁启超回国后发表演讲说："当去年九月以前，君主之存在，尚俨然为一种事实，而政治之败坏已达极点，于是忧国之士，对于政界前途发展之方法，分为二派：其一派则希望政治现象日趋腐败，俾君主府民怨而自速灭亡者，即谚所谓'苦肉计'也，故于其失败，不屑复为救正，惟从事于秘密运动而已；其一派则不忍生民之涂炭，思随事补救，以立宪一名词，套在满政府头上，使不得不设种种之法定民选机关，为民权之武器，得凭借以与一战。此二派所用手段虽有不同，然何尝不相辅相成！"

哲学解读　**相辅相成**反映一种辩证的世界观。唯物辩证法认为，矛盾的双方既有同一性，也有斗争性，斗争性寓于同一性之中，同一性通过斗争性来体现。矛盾双方无论是相互依存还是相互转化，都存在斗争性。要求我们在同一中把握对立、在对立中把握同一。

相辅相成要求我们在实践中注重把握事物之间的相互作用，促进事物的协调发展。坚持整体观，既看到树木也看到森林，既看到主要矛盾和矛盾的主要方面，也看到次要矛盾和矛盾的次要方面，时刻意识到随着条件的变化，整体与局部、主要与次要之间相互转化。

现实
意义

❶ 交融汇聚、相辅相成是中华民族多元一体性的重要体现

中华民族的辉煌历史是各民族在共同生活、团结奋进、携手进步中创造的。中华民族是多元一体的伟大民族，在漫长的历史长河中，各民族交融汇聚、相辅相成，共同推动了国家的发展和进步。这种交融汇聚、相辅相成的关系体现在文化、经济、社会、艺术和风俗习惯等多个方面。

中国各民族的文化在五千多年的历史长河中互相交流、相互融合，最终形成了中华民族独具特色、多元交融的文化传统。各民族之间在文化上的相互影响，丰富了彼此的精神世界和文化内涵，促进了相互之间的理解和认同。我国历史演进的这个特点，造就了各民族在分布上的交错杂居、文化上的兼收并蓄、经济上的相互依存、情感上的相互亲近，形成了你中有我、我中有你的多元一体格局。在各民族的文化相互借鉴、相互交融、相辅相成的过程中，诞生了璀璨的、独具特色的艺术风格和艺术形式。在长期的历史演进过程中，各民族的风俗习惯也是相互影响、相辅相成的，各民族的风俗习惯交汇融合，形成了多元一体的风俗传统。

各民族之间的交融汇聚、相辅相成，是中华民族多元一体性的重要体现，也是中华民族突出的统一性的体现。我们要进一步促进各民族之间的交流和融合，加强民族团结，为实现中华民族伟大复兴而不懈奋斗。

❷ 凝心聚力、相辅相成是铸牢中华民族共同体意识的内在要求

建设坚强统一的国家需要各民族凝心聚力、相辅相成。历史的经验告诉我们，没有一个坚强统一的国家，我们必将遭受外来势力的欺辱。鸦片战争以来的近代屈辱史说明，国家统一、主权和领土完整是任何国家的国民最朴素的感情，也是最起码的要求，没有和平团结的环境，国家就不能和平发展

搞建设、人民就不能安定团结谋幸福。历史上的大一统时期，往往会出现国富民强、人民安居乐业，而分裂割据的时期往往民不聊生。所以说，国家统一是中华民族的共同追求，国家统一才能让我们有安定和谐的生活环境，国家统一才能让我们走向繁荣富强。

习近平总书记指出，中华民族各民族文化融为一体，即使遭遇重大挫折也牢固凝聚，决定了国土不可分、国家不可乱、民族不可散、文明不可断的共同信念，决定了国家统一永远是中国核心利益的核心，决定了一个坚强统一的国家是各族人民的命运所系。国家安定统一是实现国家繁荣富强的前提和基础，民族团结是实现国家繁荣富强的重要保障，因此，必须坚持中国共产党的领导，坚持走中国特色社会主义道路，坚决维护国家统一和民族团结，铸牢中华民族共同体意识，不断开创中华民族伟大复兴的新征程。

❸ 同舟共济、相辅相成是实现中华民族伟大复兴的重要保障

上下同欲者胜，同舟共济者兴。在全面实现中华民族伟大复兴中国梦的道路上，一个民族都不能少。实现中华民族伟大复兴，需要各民族手挽手、肩并肩，同舟共济，共同努力奋斗。我们要加强各民族交往交流交融，不断提高各族群众生活水平，让各族人民共创美好未来、共享中华民族新的光荣和梦想。

实现中华民族伟大复兴是近代以来中国人民最伟大的梦想，是贯穿党的百年奋斗目标的鲜明主题。中国共产党一经成立，就把实现共产主义作为党的最高理想和奋斗目标，义无反顾地肩负起实现中华民族伟大复兴的历史使命，团结带领人民进行了艰苦卓绝的斗争。100多年来，我们取得的一切成就，是中国共产党人、中国人民、中华民族团结奋斗的结果。党的百年光辉历史，是一部党团结带领各族人民实现民族解放、国家独立、人民幸福的历史；是一部谋各族人民共同利益、靠各族人民共同奋斗、图各族人民共同进步的历史。一个现代强大的国家、一个矢志复兴的民族，需要团结一心、统一思想、统一意志，不断凝聚共识。56个民族汇聚而成的中华民族，铸牢了共同体意识，构建了各民族共有的精神家园。

天下为一

成语出处

汉代荀悦《汉纪·武帝纪四》："今天下为一，春秋之义，王者无外，偃修封域中，而辞以出境何也。"

成语释义

指国家统一。

成语典故

战国时列子（列御寇）所著的《列子·汤问》一书中说天地是无所谓仁慈的，它没有仁爱，对待万事万物就像对待刍狗（用草扎成的狗，系古代祭祀用品）一样，任凭万物自生自灭。古人认为天地开辟之前是一团混沌，万物生成于天地之间，将虚空中划分出的区域称为天下。此典故被后来的皇帝作为统一天下的理论依据。

哲学解读 **天下为一**作为一种价值理念，强调国家统一、民族团结、人民幸福，倡导和平、发展、合作、共赢，以实现全人类的共同利益和幸福为最高价值。人类社会是一个不断发展和进步的过程，而这个过程的根本动力是生产力的发展和人类智慧的进步。在这个过程中，每个人都是自由的、平等的，每个人都应该拥有生存、发展、实现自我价值的机会和权利。天下为一的理念与马克思主义社会和谐价值观高度契合，对民族与国家来说，最持久、最深层的力量是全社会共同认可的核心价值观。

现实
意义

❶ 天下为一是推动国家统一、民族团结的精神动力

　　"天下为一"是一种追求国家统一、民族团结的精神动力。《论语》记载，孔子说："吾志在天下，一也。"他认为，天下应该是一个整体，所有人都应该团结在一起，共同追求美好生活。孔子的这种思想在中国历史上影响深远，成为中华优秀传统文化中重要的一部分。孟子认为，人类应该以道德为基础，建立一个和谐有秩序的社会；个人的行为和国家的命运是紧密相连的，只有个人修身齐家，才能治国平天下。荀子认为，天下本该归于一统，天下没有统一，诸侯并起，战乱频仍，民不聊生；只有天下统一了，才能避免战乱，实现和平与繁荣。道家思想中的"大一统"观念，墨家思想中的"兼爱非攻"理念，都体现天下一家的观点，主张和平与稳定的思想。

　　古往今来，中华儿女格外重视国家的统一，个人、家庭的命运与国家、民族的命运始终紧紧相连，使得中华民族即使遭遇重大挫折也能牢固凝聚。统一始终是中国历史的主流，国土不可分、国家不可乱、民族不可散、文明不可断的共同信念始终是中华民族根深蒂固的情结，是中华文明最重要的内在规定。在现代社会中，天下为一的精神动力仍然具有重要的现实意义。在全球化的背景下，各国之间的联系和互动日益紧密，只有加强合作和团结，才能实现共同发展和繁荣。同时，在国家内部，也需要通过加强民族团结和社会和谐来推动国家的稳定和发展。我们应该积极弘扬天下为一的精神动力，倡导团结、协作、共赢的理念，为推动国家的发展和繁荣贡献自己的力量。

❷ 天下为一是实现民族复兴伟业的必然要求

　　天下为一的思想是中国历史上"大一统"思想的典型体现，它根植于中华民族的传统文化，是中华民族共同体意识和各民族对中华文化的认同；它强调了一个坚强统一的国家是全国各民族的命运所系；它揭示了中华文明突出统一性对于中华民族发展的重大意义；它要求这个民族共同体中的每一位成员都应该共同努力实现国家的统一和繁荣发展。纵观中国历史，统一始终是核心理念，是历史的主流。从秦始皇建立大秦帝国，中国历史上第一次实现大一统到今天2000多年的历史，中国尽管多次分裂，但最终都在天下为一的思想引领下实现国家的统一，并逐渐走向繁荣富强。

实现民族复兴必然要实现国家统一。各民族要高举大团结的旗帜，牢固树立国家意识、公民意识、中华民族共同体意识，最大限度团结依靠各族群众，使每个民族、每个公民都为实现中华民族伟大复兴中国梦贡献力量，共享祖国繁荣发展的成果。各民族要相互了解、相互尊重、相互包容、相互欣赏、相互学习、相互帮助，像石榴籽一样紧紧抱在一起，既要有信心，更要有决心。

❸ 天下为一是构建人类命运共同体的思想渊源

中国传统文化中的“天下”在核心内涵上同于当今时代的“世界”概念。儒家思想还推崇“四海之内皆兄弟也”，虽然在外延上不如今天所说的“世界”一词丰富，但却在更高的层次上观照了全人类的命运。中华民族历来讲求天下一家，主张民胞物与、协和万邦、天下大同，憧憬“大道之行，天下为公”的美好世界。千百年来，“世界大同、天下一家”始终是中华民族的理想追求。天下为一的思想不仅体现了中华民族的团结和统一的思想，而且彰显了人类的共同利益和世界和平与发展的理念。

天下为一的思想引导我们关注人类的共同利益。全球化时代，人类面临着众多共同的问题和挑战，如全球气候问题、环境污染问题、疾病传播问题等，这些问题需要全世界各国共同合作和努力才能有效解决。我们应该超越国家和民族的界限，共同应对全球性危机，推动全球合作和发展，实现和平、稳定和繁荣的世界。这些年，中国坚持积极参与全球安全规则制定，加强国际安全合作，积极参与联合国维和行动，为维护世界和平和地区稳定发挥建设性作用。只有各国行天下之大道，和睦相处、合作共赢，繁荣才能持久，安全才有保障。

万众一心

成语出处

南朝宋范晔《后汉书·朱儁传》："万众一心，犹不可当，况十万乎！"

成语释义

本义指千万人一条心。形容团结一致。

成语典故

东汉末年爆发了黄巾起义，汉灵帝派出军队镇压。朝廷派出的朱儁率部在宛城城外堆了一座比城墙还高的山丘。朱儁登上土丘细细观察宛城城内起义军将领韩忠的军事部署，发现城东北的守备比较空虚。第二天，朱儁让一支兵马佯攻宛城西南，故意把战鼓擂得震天响，吸引韩忠增兵西南，自己却带领主力急攻城东北，乘虚拿下了外城。

朱儁不理会韩忠的谈判要求，加紧围攻内城，可一连几天都遭到了起义军的有力抵抗。攻城屡屡受挫，朱儁又登上外城城墙向内城眺望，接着，下命令叫部队后撤几里。撤退后不久，城内守军纷纷冲出城外，试图突围，朱儁的兵马乘机从侧翼杀过来。韩忠不备，再退回内城已来不及，起义军只得四散而逃，伤亡很大。

事后，朱儁的部下问他用的什么计谋，他得意地说："我从高处看得很清楚，内城十分坚固，城内尽是守兵。他们想谈判谈不成，想突围又出不去，这不是逼着他们万众一心跟我军拼命吗？一万个人齐了心尚且势不可当，何况他们有十万人马呢！倒不如先缓一缓，暂且松动一下包围圈，让他们产生突围的念头，然后乘乱杀上去，那他们的士气也就瓦解了。"

哲学解读 　　**万众一心**表达了虽有万人之众，却只有一门心思，大家心往一处想，凝聚在一起。比喻团结一致，力量无比强大。形容团结一致。唯物史观关于人民群众是历史创造者的原理，要求我们坚持马克思主义群众观点，具体就是坚持人民群众是历史创造者的观点，坚持向人民学习的观点，坚持全心全意为人民服务的观点。千百年来社会发展需要千千万万人民群众，统一是中国历史的主题，也是深植于中国人民心中的信念。万众一心表达了全体中国人民坚定国土不可分、国家不可乱、民族不可散、文明不可断的共同信念，彰显了全体人民共同的价值追求，形成了汇聚人心、汇聚民力的强大精神力量。

现实意义

❶ 万众一心是中华儿女战胜各种灾难的力量源泉

万众一心是战胜各种灾难的力量源泉，面对各种自然灾害和重大疫情，中国人民众志成城、守望相助，展现出同舟共济、共克时艰的勇气和担当。万众一心的伟大精神已经深深融进中华儿女的血脉里，集中体现在各族人民的行动中。万众一心、同舟共济，是一个民族在一定的利益和目标基础上形成的促进人们在意志和行动上和谐统一的向心力和凝聚力。在漫长的历史发展过程中，我国各族人民共同劳动、生活和斗争，形成了"万众一心、同舟共济"的民族精神，这一民族精神彰显了伟大力量。

在大灾大难面前，全党全国各族人民坚持一方有难、八方支援，举国上下患难与共，前方后方同心协力，海内海外和衷共济，各地区各部门各方面以灾情为最高命令，以救灾为神圣使命，紧急行动，守望相助，倾力支持，无私奉献，凝聚起抢险救灾的强大合力，显示了中国人民和中华民族的伟大力量。千百年来，中华民族之所以能够历经磨难而不衰，饱尝艰辛而不屈，千锤百炼而愈加坚强，靠的就是万众一心的民族精神。

❷ 万众一心是中华民族实现伟大复兴的必要条件

新时代的伟大成就是党和人民一道团结奋斗出来的。巩固全党全国各族人民团结奋斗的共同思想基础，确保拥有团结奋斗的强大政治凝聚力，发展自信心，集聚起万众一心、共克时艰的磅礴力量。万众一心、团结奋斗是中国人民创造历史伟业的必由之路。实现中华民族伟大复兴需要全体人民万众一心，紧密团结在以习近平同志为核心的党中央周围，把党的正确主张变为全党全国各族人民的共同意志和自觉行动，用14亿多人的智慧和力量汇聚起不可战胜的磅礴伟力。万众一心是实现中华民族伟大复兴的必要条件。

实现中华民族伟大复兴是一项长期而艰巨的任务，必须进行伟大斗争、建设伟大工程、推进伟大事业、实现伟大梦想。我们要深刻认识到，实现中华民族伟大复兴不是一马平川的坦途，不会一帆风顺，我们必须准备付出更为艰苦的努力。要锚定奋斗目标不放松，牢牢把握前进主动权，坚持稳中求进工作总基调，一张蓝图绘到底、一茬接着一茬干，不断夺取全面建设社会主义现代化国家新胜利。

风雨无阻向前行，越是艰险越向前的不懈奋斗，让我们战胜了一个个看似不可攻克的艰难险阻，创造了一个个令人肃然起敬的人间奇迹。"积力之所举，则无不胜也；众智之所为，则无不成也"，新征程是充满光荣和梦想的远征。面向未来，我们必须牢牢把握团结奋斗的时代要求，自信自强、守正创新、踔厉奋发、勇毅前行，共同开创更加美好的未来。历史已经证明并将继续证明，在中国共产党的坚强领导下，坚持科学理论指导和正确道路指引，凝聚亿万人民团结奋斗的磅礴力量，中国人民就能把中国发展进步的命运牢牢掌握在自己手中。

❸ 万众一心是中国共产党战胜困难的制胜密码

在面对各种困难和挑战时，中国共产党始终坚持全心全意为人民服务的宗旨，团结带领人民迎难而上、敢于胜利。万众一心是中国共产党战胜困难的制胜密码。坚持党的全面领导，是国家和民族兴旺发达的根本保证，是全国各族人民幸福安康的根本所在，强调实现中华民族伟大复兴，必须坚持中国共产党领导，万众一心跟党走。

近代以后中国人民进行了历次反侵略战争，均以失败告终，主要是因为清政府的腐朽无能和民族内部软弱涣散、一盘散沙。中国共产党一经成立就把实现中华民族伟大复兴作为自己的历史使命，捍卫民族独立最坚定，维护民族利益最坚决，反抗外来侵略最勇敢。

回首百年奋斗历程，中国共产党紧紧依靠人民，战胜了一个又一个艰难险阻，创造了一个又一个人间奇迹，为中华民族作出了伟大历史贡献，中华民族迎来了从站起来、富起来到强起来的伟大飞跃。党的十八大以来，中国特色社会主义进入新时代，脱贫攻坚战、全面建成小康社会取得了全面胜利，中华民族伟大复兴迎来了光明前景。"办好中国的事情，关键在党"，这是历史的结论。

当今世界正经历百年未有之大变局，我国发展的内部条件和外部环境正在发生深刻复杂的变化。越是在这样的时候，越要坚持党的全面领导，聚精会神抓好党的建设，使我们党越来越成熟、纯洁、强大。全国各族人民要更加紧密地团结在以习近平同志为核心的党中央周围，万众一心，风雨无阻，向着中华民族伟大复兴的光辉彼岸奋勇前进。

一德一心

成语出处

《尚书·泰誓中》："乃一德一心，立定厥功，惟克永世。"

成语释义

一：相同。德：信念。指思想信念一致。

成语典故

在中国古代，古人很早就认识到政治和军事的密切关系。据《尚书·泰誓中》记载，武王兴兵伐纣出征前号令："乃一德一心，立定厥功，惟克永世。"周武王特别强调了全军上下统一思想意志的重要性，号召大家齐心协力、奋勇杀敌。春秋战国时期战乱频仍，民不聊生，诸侯称霸的迫切需要促使思想家们更多地从政治的角度思考军事和战争，尤其是人心向背对战争胜负的影响。因此，兵家也多主张在政治上讲究仁义、提倡礼教、重视民生等，以期快速修复社会关系、积累社会财富，赢得民心、军心，从而早日实现霸业。

哲学解读 **一德一心**意为大家一条心，为一个共同目标而努力，体现了一种积极向上的、团结奋进的价值观。国家统一、民族团结、国富民安是中华民族共同的价值理念、价值取向和价值追求。马克思主义价值观的核心是实现人民的发展，改善人民的生存现状，凝结着全体人民共同的价值追求，是汇聚人心、汇聚民力的强大精神力量。马克思主义价值观建立在尊重人、关爱人的基础上，在与国家和社会利益不矛盾的情况下，努力实现个人价值的观念。一德一心的核心思想与马克思主义价值观高度一致。它强调要把全社会的意志和力量凝聚起来，形成广泛社会共识的核心价值观，是一个民族凝聚的精神纽带。

现实意义

❶ 治国理政、为民服务需要一德一心

一德一心强调的是全党全社会在思想道德和意志行动上的高度一致。实现这种一致，要求广大党员干部必须坚持以人民为中心的发展思想，践行全心全意为人民服务的根本宗旨，不断提高服务人民的能力和水平。治国理政、为民服务需要一德一心。在国家治理和政务管理中，我们要以德为先，以团结一致为基础，共同努力实现国家的发展和繁荣。中华优秀传统文化蕴含着丰富的政治智慧。早在春秋时期，孔子便提出"为政以德，譬如北辰，居其所而众星共之"。作为孔子政治思想的基本原则和核心理念，"为政以德"深刻影响了历代执政者的治国理政实践。

在当今社会，"一德"强调了以德治国的重要性。德行是一个国家和政府的根本，只有具备高尚的品德和道德素养，才能够为人民服务，推动社会的进步。以德治国意味着党员干部要以身作则，做到廉洁奉公、公正无私以及诚信守法等，树立起良好的榜样和道德风尚。"一心"强调了团结一致的重要性。在国家治理中，各级政府、各个部门和组织，以及广大公民都需要紧密团结在一起，形成合力，共同为国家的发展和民生福祉而努力。团结一致意味着各方要相互信任、相互支持，共同制定和执行政策，共同解决各种问题和挑战。只有团结一致，才能够形成强大的合力，实现国家治理的目标。

在一德一心治国理政的理念下，政府应该坚持以人民为中心的发展思想，关注人民的需求和利益，积极推动社会公平正义。同时，政府还应该加强自身建设，提高治理能力和水平，推动政务公开和透明，增强政府的公信力和执行力。

❷ 社会发展、团结奋进需要一德一心

一德一心强调了道德的重要性和团结一心的力量。在社会发展过程中，道德的力量能够引导人们作出正确的选择，形成积极向上的社会风气，而团结一心则能够汇聚众人的力量，共同推动社会的进步和发展。道德是社会发展的灵魂，它能够引导人们树立正确的价值观和行为准则。在社会发展中，如果人们都能够遵循道德规范，尊重他人、诚实守信、关爱社会，那么整个社会就会形成积极向上的氛围，为发展提供强大的精神动力。团结一心是推动社会发展的关键。在追求共同目标的过程中，人们需要相互信任、相互支持，形成紧密的团队合作关系。只有大家齐心协力、共同奋斗，才能战胜各种困难和挑战，实现社会的繁荣与进步。当人们在道德和团结的基础上形成共同的目标和愿景时，就能够形成强大的凝聚力和向心力。这种共同目标能够激发人们的积极性和创造力，推动社会不断向前发展。

道德的力量能够促进社会和谐，减少冲突和矛盾。当人们都能够遵守道德规范、尊重他人的权利和利益时，社会就会更加和谐稳定，为发展提供良好的环境。在道德和团结的基础上，社会能够不断自我完善、自我进步。通过共同努力和持续创新，社会能够不断解决面临的问题和挑战，实现持续的发展和进步。

❸ 心系群众、率先垂范需要一德一心

一德一心强调了道德的重要性和全心全意为人民群众服务的决心。心系群众意味着要时刻关心群众的需求和利益，率先垂范则要求领导干部要以身作则，为群众树立榜样。一德一心做好群众工作，是共产党员良好政治素养的体现。民心是最大的政治，《墨子》中说道："有云上之为政，得下之情则治，不得下情则乱。"领导干部要具备高尚的道德品质，承担起对社会和群众的责任。他们应该做到诚实守信、廉洁奉公，关心群众疾苦，始终将群

众的利益放在首位。心系群众要求领导干部要全心全意为人民服务，时刻关注群众的需求和关切。他们应该深入了解群众的生活状况，积极解决群众面临的问题，努力提升群众的生活水平。领导干部要以身作则，为群众树立榜样。他们应该遵守法律法规，严格执行政策，做到公正公开、廉洁自律。通过自己的言行举止，影响和带动身边的群众，形成良好的社会风气。

领导干部要与群众保持密切的联系，了解群众的真实想法和需求。他们应该经常深入基层，与群众沟通交流，听取群众的意见和建议，不断改进工作方法和思路。心系群众、率先垂范是一个持续的过程，领导干部要不断反思自己的工作，查找不足和差距，积极改进提高。通过不断学习和实践，提升自己的能力和素质，更好地为群众服务。

众志成城

成语出处

五代何光远《鉴戒录·陪臣谏》："四海归仁，众志成城，天下治理。"

成语释义

众人同心协力力量有如坚固的城墙。比喻精诚团结，就能形成强大的力量。

成语典故

东周的第十二代天子周景王姬贵，在他在位的第二十一年（前 524 年）和二十三年（前 522 年）时，做了两件不得民心的事情：一件是铸大钱，一件是铸大钟。大钱就是币值高的钱。景王试图以铸行大钱的方式来收缴民间的小钱。大钟即编钟。景王准备铸造两组巨型编钟，一组是无射，一组是大林。他打算把这两组编钟上下悬挂在一起配合着演奏。

景王身边的大臣单穆公对此很担忧，极力加以劝阻。他认为铸大钱不利于流通，是"绝民用以实王府"，是对平民百姓的残酷掠夺；而铸大钟更是劳民伤财，既得不到悦耳的美的享受（钟声过大耳朵承受不了），又加重了百姓的负担。所以这样做将会使百姓离心、国家危险。但景王听不进去。

司乐大夫伶州鸠也劝阻说，编钟的声律强调和谐，如果百姓怨恨，那就没有和谐了。他引用民谚"众心成城，众口铄金"来表明自己的观点：老百姓共同喜欢的东西，很少不实现的；而他们共同厌恶的东西，也很少不废灭的。但景王还是不听。三年间，既铸了大钱，也造了大钟。结果是，景王在第二年就死于心疾，周王朝也随即爆发了长达五年之久的内乱。

哲学解读 　　**众志成城**强调了社会历史发展的整体性和协调性，彰显了中华民族的统一性，是奋斗共存的共同体精神的体现。历史唯物主义认为，历史的发展是由无数个人意志相互碰撞、汇聚融合而产生共同合力的结果，社会的发展是由众多因素形成合力共同推动的。历史发展还是客观规律性和主观能动性相统一的合力结果。众志成城是中华民族共同的思想道德基础，具有强大的精神动力，是汇聚人心、汇聚民力的强大精神力量。

现实意义

❶ 众志成城是中华优秀传统文化的价值取向

众志成城深深植根于中华优秀传统文化中，体现了中华民族团结一心、共同奋斗的精神。众志成城体现了中华民族追求和谐与稳定的价值观。在中华优秀传统文化中，和谐与稳定被视为社会的基石。众志成城的精神强调，只有大家团结一心、共同努力，才能实现社会的和谐与稳定。这种追求和谐与稳定的价值观，是众志成城精神的重要体现，也是中华优秀传统文化的重要特征。

众志成城体现了中华民族强调集体主义和团结合作的精神。在中华优秀传统文化中，个人与集体的关系被高度重视，集体利益始终被置于个人利益之上。众志成城的精神强调，只有大家同心协力，才能形成强大的力量，战胜各种困难和挑战。众志成城体现了中华民族勇于担当和敢于胜利的信念。在面对困难和挑战时，中华民族从不退缩，而是选择团结一心、共同奋斗。这种勇于担当和敢于胜利的信念，是众志成城精神的核心所在，也是中华优秀传统文化的重要组成部分。在今天的社会发展中，众志成城的精神具有重要的现实意义，激励着我们团结一心、共同奋斗。

❷ 众志成城是应对挑战和困难的重要法宝

众志成城强调了集体力量、团结合作以及共同奋斗的重要性，使得在面对困难和挑战时，人们能够团结一心、共同应对，从而取得胜利。众志成城是一种民族精神，是不屈不挠、百折不挠的斗志和信念。这种精神可以激发人们的积极性和主动性，让我们在面对困难和挑战时能够团结一心、迎难而上，只有团结一心，我们才能够克服各种困难、迎接各种挑战。众志成城能够激发集体智慧和创造力。当面临挑战和困难时，众人的智慧和力量汇聚在一起，可以产生强大的创造力和解决问题的能力。这种集体智慧往往能够超越个人的局限，找到更好的解决方案。

同时，众志成城是一种社会责任和担当。它能够让人们更加关注社会问题，关心他人的利益和福祉，从而形成一种良好的社会风气。在面对各种社会问题时，我们需要有更多的社会责任和担当，不断追求更高的目标和价值，以众志成城的力量，为我们的国家和民族开创更加美好的未来。在当今社会，我们面临着各种挑战和困难，只有团结一心、共同奋斗，才能取得胜利。因此，我们应该深入弘扬众志成城的精神，使其成为我们应对挑战和困难的重要武器。

❸ 众志成城是推动全球进步和发展的重要力量

在全球化的今天，各国之间的相互依存和联系日益紧密，只有各国团结一心、共同合作，才能应对全球性挑战，推动全球进步和发展。

众志成城有助于促进国际的合作与交流。在全球化的背景下，各国之间需要更加紧密地合作，共同应对全球性挑战，如气候变化、公共卫生、恐怖主义等。众志成城的精神鼓励各国放下分歧，一道追求共同利益，促进国际的合作与交流，为全球进步和发展创造有利条件。

同时，众志成城有助于推动全球经济的繁荣与发展。在全球经济一体

115

化的今天，各国之间的经济发展相互影响、相互依存。众志成城的精神鼓励各国加强经济合作，共同应对全球性经济挑战，如贸易保护主义、金融风险等。通过加强经济合作，各国可以共同促进全球经济的繁荣与发展，实现共赢。

此外，众志成城还有助于促进全球文化的交流与融合。文化多样性是全球进步和发展的重要动力，而众志成城的精神鼓励各国尊重并欣赏不同文化，加强文化交流与合作。通过文化交流与融合，可以增进各国人民之间的友谊与理解，为全球进步和发展营造和谐的文化氛围。我们应该深入弘扬众志成城的精神，加强国际合作与交流，共同应对全球性挑战，推动全球进步和发展。

天下一家

🔹 **成语出处**

西汉戴圣《礼记·礼运》："故圣人能以天下为一家，以中国为一人者，非意之也。"

🔹 **成语释义**

本义指天下人和睦相处，就像一个家庭一样。

🔹 **成语典故**

在春秋时期，晋国国君襄公因为战争频繁、国家疲弱不堪，决定出使各国，寻求联合来抵抗强敌。襄公先后访问了齐、楚、燕、韩、魏等国，但都未能达成联盟的目的。

然而，当襄公来到鲁国时，鲁国国君孔悝却告诉他："天下之人，皆可为一家。"意思便是说，天下的人都可以看作是一家人，人们应该团结合作，共同抵御外敌。襄公听后感叹道："吾闻诸夫子，未之信也。"意思是说自己之前听到过类似的观点，但却没有真正相信。这个时候，襄公意识到自己之前的思维受到了狭隘的国家观念的限制，没有意识到天下人都应该是一家，而应当团结合作、世界大同，共同弘扬和倡导和平、合作、共享的理念，实现天下大同的美好愿景。

哲学解读 **天下一家**既体现了中华文化的人与自然统一论思想，又体现了马克思主义的人类整体观与人类大和谐思想。天下一家在新时代被赋予了新的内涵，将美好和谐、命运与共的坚定信念和执着追求深深铸融在中国人民的精神谱系中，从而推动世界真正地实现天下大同的美好愿景。

现实
意义

❶ 天下一家体现了人类命运共同体的价值理念

天下一家体现了人类命运共同体的价值理念，彰显了中华民族自古以来就是一个爱好和平的民族，表达了中国对人类前途命运的坚定信念。中华民族积极开展对外交流合作，促进世界共同发展。中国共产党自诞生之日起，其革命理想就深深地植根于中华民族的优秀传统文化之中，继续秉承着"协和万邦""美美与共"的精神，不断扩大国际交往，推动世界一体化进程。今天，中国提出推动构建人类命运共同体，推动"一带一路"高质量发展的倡议，鲜明宣示了中国共产党关注人类前途命运的博大胸怀。

天下一家的理念强调了全球合作和共同发展的重要性。在全球化的背景下，各国之间的联系和相互依赖越来越紧密，面临的问题也愈发复杂和全球性，合作和发展是世界上历史发展的潮流和社会发展的客观规律，只有通过合作，共同应对挑战，才能实现共同发展和繁荣，实现最广大人民群众的美好愿景，符合全世界最广大人民的根本利益。面对全球性问题，天下一家的理念提醒我们，当前世界上所出现的全球性问题如气候变化、环境污染、贫困等是所有国家共同面临的挑战。这些问题不分国界，需要各国共同努力来解决。只有通过合作才能找到全球性问题的解决方案。

天下一家的理念呼唤建立公正、公平、合理的全球治理体系和国际秩序。在全球化时代，各国之间需要共同制定规则和标准，共同参与全球事务的决策和管理。并且国家之间应该摒弃争斗和敌对，通过合作、沟通和互助来解决问题，共同维护和平与稳定。这一理念认为资源和财富应该被公平地分配和共享，不应该因为国家、种族或地域的差异而造成不公平和不平等。只有建立起公正的国际秩序，才能实现天下一家的理念。

② 天下一家强调了社会和谐与团结的重要思想

天下一家是中国传统文化中的一个重要理念，它强调了社会和谐与团结的重要性。这一理念认为，整个世界是一个大家庭，所有人都是这个家庭中的成员，应该相互尊重、相互帮助、和睦共处。中华民族有着五千多年的悠久文明历史，自古以来就是一个爱好和平、热爱和平的民族。从人心和善的道德观、和而不同的社会观，到天人合一的宇宙观、协和万邦的国际观，中华民族始终在追求和传承着和谐共生的理念。"己欲立而立人，己欲达而达人""兼相爱，交相利"等理念深深地植根于中华民族精神之中。"家"，承载着全人类共同的期盼，千百年来，"世界大同，天下一家"的梦想始终是人类心中不灭的明灯。

天下一家的思想体现了人类社会的普遍价值，即团结、友爱、互助、和谐。这种思想不仅在中国传统文化中占有重要地位，也是全世界各个文化所共有的追求。在现代社会，随着全球化的加速和人们之间的相互依存加深，更加强调社会和谐与团结的重要性。社会和谐与团结是构建美好社会的基石。只有在团结和谐的社会中，人们才能共同应对各种挑战和困难，实现共同发展繁荣。同时，社会和谐与团结也是人类文明的进步和社会进步的体现，它有助于促进人们的相互理解和信任，增进人们的友谊和合作，推动社会文明的发展和进步。

我们应该积极弘扬天下一家的思想，推动社会和谐与团结的实现。我们应该尊重他人的权利和尊严，关心他人的疾苦和需要，积极参与社会公益事业，为社会的和谐稳定和发展繁荣贡献自己的力量。

③ 天下一家体现了人类对于平等和公正的美好追求

天下一家这一理念深刻体现了人类对于平等和公正的美好追求。中华民族历来讲求天下一家、协和万邦，憧憬"大道之行，天下为公"的美好世界。

中国古代经典《礼记》中写道"圣人能以天下为一家"，意思是明智的人将天下看成一家。我们强调天下一家、命运与共，主张各国和衷共济、携手创造世界美好未来，这一理念的实际意义在于促进全球合作与共同发展、共同面对全球性问题、尊重多元文化和构建公正的全球治理体系。通过这些努力，可以实现全球的共享共荣与和平稳定。

平等是构建公正社会的基础。在天下一家的观念中，平等不仅仅意味着机会的平等，更意味着权利的平等和尊严的平等。每个人都应当享有基本的人权，不受歧视和压迫。这种平等的追求，旨在消除社会中的不公和偏见，确保每个人都能在社会中找到自己的位置，实现自己的价值。公正则是社会和谐与团结的保障。在天下一家的大家庭中，公正意味着资源的公平分配、机会的公平提供以及责任的公平承担。它要求社会制度的设计和政策的制定，都应以公正为原则，确保每个人的权益得到保障，避免社会的不平等和冲突。

天下一家的理念不仅倡导了人与人之间的和谐与团结，更强调了平等与公正的核心价值。这种追求平等和公正的美好愿望，是人类社会不断前进和发展的重要动力，也是构建美好未来社会的基石。通过共同努力，我们可以逐步实现这一理念，让人类社会更加和谐、公正和平等。

志同道合

《礼记·儒行》："儒有合志同方，营道同术，并立则乐，相下不厌……其交友有如此者。"孔颖达疏："方犹法也。言儒者与交友合齐志意而同于法则也。"

成语释义

本义指彼此有相同的志趣和行动准则。形容彼此理想、志趣一致，意见相合。

成语典故

三国时期，曹操的小儿子曹植恃才傲物、狂放不羁，一直与哥哥曹丕不和。曹操死后，曹丕废掉汉献帝，自己做了皇帝，就是魏文帝。曹植被封为东阿王，为此他经常暗自怨愤，觉得自己虽有满腹才学却无用武之地。

被封为东阿王后，曹植曾上疏谈论自己对举贤任能的看法，其中有这样一段话："以前商汤时的伊尹，本是个卑微的陪嫁佣人；周文王时的吕尚（即姜子牙），原是个地位低下的屠夫、钓鱼人。他们后来都成为栋梁之臣，并为国家建立了不朽的功勋。这说明汤武、周文王等君主能任用志同道合、足智多谋的贤能人哪！"

曹植上疏的内容虽然很中肯，但因曹丕对他有成见，并没有重视他的上疏，相反还设下"七步成诗"的阴谋，打算除掉他。后来，曹丕虽然经七步逼诗后，为兄弟之情所感动，放弃了除掉曹植的打算，但仍一直压制着曹植，曾多次变动他的封位。曹植始终为此郁郁寡欢。他多次想和曹丕面谈，但一直遭到拒绝，最后抑郁而终。

哲学 解读	志同道合是指共同追求相同的目标和价值观的一种状态。人们会因为共同的目标和价值观而聚在一起，形成一种强大的力量，一起为

实现共同的目标而努力。这种凝聚力之所以会产生，是因为共同的价值观为其成员提供了共同的价值理想、价值规范，使人们在自己的长远利益和根本利益上有了共同的目标和追求，形成价值共识，从而形成一种强大的向心力。志同道合反映了社会共同体思想，通过共同的价值观来塑造和凝聚它的成员，把共同体的成员联结在一起，产生一种团结感，形成一种亲和力、感召力和凝聚力。

现实意义

❶ 志同道合体现了人际交往中的真诚信任

志同道合体现了人际交往中的真诚信任。这一成语意味着人们因为共同的理想、信念或兴趣而走到一起，形成了一种深厚的情谊和互信关系。在人际交往中，真诚信任是建立稳定、长久关系的基础。当两个人或团体志同道合时，他们更容易相互理解、相互支持，因为他们有着相似的价值观和追求。这种共同点和默契使得他们更加愿意敞开心扉，分享彼此的想法和感受，从而建立起一种深厚的信任关系。

真诚信任对于人际交往的重要性不言而喻。它能够促进人与人之间的深入交流和理解，增强彼此之间的依赖和支持。在志同道合的关系中，人们可以相互鼓励、相互帮助，共同追求更高的目标和理想。这种合作和团结不仅有利于个人的成长和进步，也有利于整个社会的繁荣和发展。因此，志同道合的人际关系是一种宝贵的财富。我们应该珍惜并努力维护这种关系，通过真诚信任和共同努力，不断推动人际关系的深入发展，为实现更美好的共同目标而努力。

❷ 志同道合强调了共同追求高尚目标的使命担当

志同道合体现了中国人民对于国家、民族和文化发展的共同追求和使命担当。志同道合强调了人们在价值观念和目标理想上的一致性。在哲学上，可以理解为人们在追求共同目标时所表现出的价值共识和精神契合。这种志同道合不仅体现了个体之间的共鸣，更是一种对于普世价值和社会理想的认同。在中国哲学传统中，志同道合也被视为人伦关系的重要基础，是构建和谐社会的重要前提。在当今社会，形成和谐友好、安居乐业的氛围和风气也是推动中华民族伟大复兴的一个重要前提。

中华民族伟大复兴是一个历史性的使命，是对于国家、民族和文化的发展与振兴的追求。它不仅代表了对于中华民族历史传统和文化精神的传承与发展，更是对于未来社会和国家命运的关切和担当。在中国哲学传统中，伟大复兴被视为"天下兴亡，匹夫有责"的道德担当，是每个人应尽的历史责任。在当今时代，全球化、信息化、网络化等趋势不断加速的背景下，志同道合显得尤为重要。人们不再只是一个个孤立的个体，而是需要寻找共同的目标、信仰、价值观和行为准则，从而形成一种相互支持、相互帮助、共同发展的关系，从而更好地协调一致、相互支持，增强团队合作能力，取得更大成就。而中华民族伟大复兴的历史使命，也在中国人民志同道合、齐心协力的努力下持续推进。

❸ 志同道合体现了中国传统文化中的合作共赢

在中国传统文化中，合作共赢是一种重要的价值观，它强调在共同的目标和理想下，人们应该携手合作、相互支持，以实现共同的发展和繁荣。志同道合的人们因为有着相似的信仰、理念和追求，所以他们更容易形成合作的关系。他们相信通过合作，可以集中力量、整合资源，共同应对挑战和困难。这种合作共赢的理念不仅体现在个人之间的合作，也体现在国家之间的合作。

在中国传统文化中，合作共赢的理念常常与和合思想相结合。和合思想强调和谐、合作与共赢，主张在尊重差异、包容多样性的基础上，寻求共同点，促进合作，以实现整体的和谐与发展。这种理念在中国传统哲学、伦理道德、社会政治等方面都有深刻的体现。因此，志同道合体现了中国传统文化中的合作共赢理念，它强调了合作的重要性，倡导在共同的目标和理想下，人们应该团结合作、相互支持，以实现共同的发展和繁荣。这种理念对于促进个人和社会的进步、推动国际关系的和谐发展具有重要意义。

同舟共济

成语出处

《孙子·九地》："夫吴人与越人相恶也，当其同舟而济，遇风，其相救也如左右手。"

成语释义

济：渡过。本义指同乘一条船过河。比喻齐心协力渡过困难。也作"同舟而济"。

成语典故

孙武是中国春秋时期著名军事家。一次，有人问孙武怎样用兵才能不败，孙武说："你如果打蛇的脑袋，它会用尾巴反击你；你去打蛇的尾巴，它又会用头部来袭击你；你如果打蛇的腰部，它就用头尾一齐来攻击你。所以，善于布阵的将才，也要将军队摆成蛇一样的阵势，头尾能互相救援，使全军形成一个整体，前、中、后彼此照应，才不会被敌人击溃、打散……"

那人这才明白军队要想得胜，应该摆成蛇形，但又产生了疑问：不知道士兵会不会像蛇一样，首尾互相照应呢？

孙武说："这是不必担心的。战场是生死之地，战争迫使军队必然齐心协力。比如两个仇人，平日恨不得彼此吃了对方。但是他们同乘上一条船渡海，遇到了狂风恶浪，眼看就有葬身海底的危险时，他们就会忘记旧仇，同心协力与风浪搏斗，以避免船翻人亡的危险。

"连仇人在危险之时尚能同舟共济，何况没有冤仇、兄弟情深的将士呢？所以军队必然会像蛇一样成为一个整体，首尾相顾，彼此救援的。"

这个人听了孙武的解释之后，觉得非常有道理，于是更加佩服孙武了。

哲学 解读	**同舟共济**常被用来比喻人们在面对困难或挑战时，应该团结一心，互相帮助，共同渡过难关，是集体主义思想的集中体现。集体主义作为一种道德理念是马克思主义价值观的核心。同舟共济体现的价值观也是马克思主义基本原理同中华优秀传统文化相结合的体现，同舟共济蕴含的集体主义的价值观念是我党所坚定的价值理念，中国共产党始终以人民为中心，将人民群众团结起来，不断取得革命、建设改革事业的新成功。

现实 意义

❶ 实现中国式现代化需要同舟共济

实现中国式现代化是一个宏伟的目标，需要全体中国人民齐心协力、同舟共济。中国式现代化强调了经济、政治、文化、社会和生态文明等各个方面的协调发展。在这个过程中，需要政府、企业、社会组织和个人等各方面的积极参与和共同努力。同舟共济意味着大家要团结一心，形成强大的合力。政府可以通过制定政策、提供公共服务等方式引导和推动现代化进程；企业可以通过创新发展、提高经济效益等方式为现代化建设作出贡献；社会组织可以发挥桥梁纽带作用，促进各方合作；个人则可以通过自身的努力和奋斗，实现个人价值的同时也为国家的发展贡献力量。同舟共济还需要大家相互支持、相互帮助。在面对困难和挑战时，各方应该携手合作，共同克服困难。只有形成了良好的合作氛围和互助精神，才能够更好地推动中国式现代化的实现。

❷ 实现民族复兴伟业需要同舟共济

实现民族复兴是中华民族近代以来最伟大的梦想，而同舟共济是实现这一伟业的关键。在民族复兴的道路上，我们需要团结一心、共同奋斗。同舟共济意味着大家要有共同的目标和信念。我们要明确民族复兴的目标，坚定信念，为之努力奋斗。只有全体中华儿女心往一处想、劲往一处使，才能够汇聚起实现民族复兴的强大力量。同时，同舟共济也需要各个领域、各个行业的人们共同努力。政府要加强宏观调控，推动经济发展，提高人民生活水平；企业要创新创业，提高核心竞争力；科技工作者要加强科研攻关，推动科技进步；教育工作者要培养优秀人才，为国家发展提供智力支持。每个人都要在自己的岗位上发光发热，为民族复兴贡献自己的力量。

此外，我们还要加强国际合作，与世界各国共同发展。在全球化的时代，民族复兴不是孤立的，需要与其他国家相互交流、相互学习。我们要秉持开放包容的心态，积极参与国际合作。同舟共济是中华民族的优秀传统美德，也是实现民族复兴的必由之路。让我们共同努力，为实现民族复兴伟业而奋斗！

❸ 构建人类命运共同体需要同舟共济

构建人类命运共同体是应对全球挑战、实现共同发展的必然选择，而同舟共济则是构建人类命运共同体的关键。在当今全球化的时代，各国相互依存程度日益加深。人类面临着诸如气候变化、疫情蔓延、恐怖主义等全球性问题，这些问题超越了国界，需要各国携手合作、共同应对。同舟共济意味着各国要摒弃零和思维，树立合作共赢的理念，共同寻求解决方案。同时，同舟共济要求各国在经济、文化、科技等领域加强交流与合作。通过共享资源、技术和经验，推动各国共同发展。只有实现各国的共同繁荣，才能为构建人类命运共同体奠定坚实的基础。此外，构建人类命运共同体还需要尊重各国的文化差异和多样性。同舟共济并不意味着消除差异，而是在尊重差异的基础上，促进不同文化之间的交流与融合。通过文化交流，增进各国人民之间的相互理解和友谊，为构建人类命运共同体创造良好的人文环境。

构建人类命运共同体是一个长期而艰巨的过程，需要各国人民的共同努力。只有同舟共济，我们才能够应对全球性挑战，实现共同发展，创造一个更加美好的世界。

同心协力

成语出处

　　唐代姚思廉《梁书·王僧辩传》："讨逆贼于咸阳，诛叛子于云梦，同心协力，克定邦家。"

成语释义

　　心：思想。协力：合力。指思想一致，共同努力。

成语典故

　　战国时候，秦国最强，常常进攻别的国家。赵国舍人蔺相如奉命出使秦国，不辱使命，完璧归赵，所以封了上大夫；又陪同赵王赴秦王设下的渑池会，使赵王免受侮辱。为表彰蔺相如的功劳，赵王封蔺相如为上卿。廉颇很不服气，他对别人说："我攻无不克，战无不胜，立下许多大功劳。蔺相如有什么能耐，就靠一张嘴，反而爬到我的头上去了。我碰见他，得给他个下不了台！"这话传到了蔺相如耳朵里，蔺相如就请病假不上朝，免得跟廉颇见面。

　　有一天，蔺相如坐车出去，远远看见廉颇骑着高头大马过来了，他赶紧叫车夫把车往回赶。蔺相如手下的人可看不顺眼了，他们说，您怕廉颇像老鼠见了猫似的，为什么要怕他呢？蔺相如对他们说："诸位请想一想，廉将军和秦王比，谁厉害？"他们说："当然秦王厉害！"蔺相如说："秦王我都不怕，会怕廉将军吗？大家知道，秦王不敢进攻我们赵国，就因为武有廉颇，文有蔺相如。如果我们俩闹不和，就会削弱赵国的力量，秦国必然乘机来打我们。我避着廉将军，是为赵国呀！"廉颇听后很惭愧，于是脱下战袍，背上荆条，到蔺相如门上请罪。蔺相如见廉颇来请罪，连忙出来迎接，从此以后他们成为好朋友，同心协力保卫赵国。

哲学解读 　**同心协力**体现的是团结合作、共同奋斗的精神。它强调了集体力量的重要性，即当多个个体或团队心往一处想、劲往一处使时，可以克服各种困难和挑战，实现共同的目标。同心协力也是集体主义思想的集中体现，集体主义作为一种道德理念是马克思主义价值观的核心。同心协力充分表明集体力量大于个体力量，目标有一致性，成员相互信任与支持，进行分工合作与协同作战，不仅适用于个人之间的关系，也适用于团队、组织甚至国家之间的合作。同心协力的精神可以激发人们的潜能，提高整体效率，推动社会的发展和进步。

现实意义

❶ 铸牢中华民族共同体意识需要同心协力

铸牢中华民族共同体意识是实现中华民族伟大复兴的重要基础，而同心协力则是铸牢这一共同体意识的关键。同心协力意味着各民族之间要相互理解、相互尊重、相互支持。我们要充分认识到每个民族都有其独特的文化和传统，这些文化和传统是中华民族宝贵的精神财富。只有在相互理解和尊重的基础上，才能够建立起和谐、稳定的民族关系。同时，我们要加强交流与合作。通过开展各种形式的交流活动，如文化交流、经济合作等，增进各民族之间的了解和友谊。这种交流与合作不仅能够促进经济的发展，还能够增强民族团结，为铸牢中华民族共同体意识打下坚实的基础。

此外，教育也起着至关重要的作用。要通过教育，让每一个人都了解中华民族的历史和文化，培养对中华民族的认同感和自豪感。同时，也要加强民族团结教育，让大家认识到民族团结的重要性，形成"中华民族一家亲"的良好氛围。最后，政府和社会各界要共同努力，为铸牢中华民族共同体意识创造有利条件。政府要制定相关政策，推动各民族之间的交流与融合；社会各界要积极参与，为民族团结和社会和谐作出自己的贡献。铸牢中华民族共同体意识需要同心协力。

② 积极应对世界百年变局需要同心协力

在当今世界，我们面临着百年未有之大变局，这给各国带来了巨大的挑战和机遇。在这样的背景下，同心协力成为应对变局的关键。

同心协力能够汇聚各方力量。面对复杂多变的国际形势，单个国家或个体的力量是有限的。只有通过合作，各国才能充分发挥各自的优势，形成强大的合力。这种合力可以在经济、科技、文化等各个领域发挥作用，共同应对全球性问题。同心协力有助于促进国际关系的和谐稳定。在全球化的背景下，各国之间的联系日益紧密。通过加强沟通、增进理解，各国可以减少误解和冲突，建立相互信任的关系。这样的国际环境有利于各国共同发展，实现共赢。

各国同心协力还能够推动全球治理体系的改革和完善。随着世界百年变局的深入发展，原有的全球治理体系已经难以满足现实需求。各国应共同参与全球治理，通过协商与合作，制定更加公平、合理的规则和制度，推动全球治理体系向着更加公正、有效的方向发展。各国要加强交流与合作，可以通过建立多层次、多领域的合作机制，加强政策协调，共同应对全球性挑战。同时，各国也应尊重彼此的主权和利益，坚持平等互利的原则，推动构建人类命运共同体。在应对世界百年变局的过程中，每个人都可以发挥自己的作用。我们可以关注国际形势，增强自身素质，积极参与国际合作，为实现世界的和平与发展贡献自己的力量。

③ 战胜各种困难挑战需要同心协力

在生活和工作中，我们常常会面临各种困难和挑战。要战胜这些困难，同心协力是至关重要的。同心协力可以凝聚力量。当人们团结一致、齐心协力时，个体的力量会得到放大，形成强大的合力。这种合力能够帮助我们克服许多看似无法逾越的障碍。同时，同心协力能够促进信息共享和经验交流。在面对困难时，不同人可能有不同的见解和解决方案。通过共同合作，我们可以分享彼此的知识和经验，相互学习，找到最佳的解决途径。大家同心协力还可以增强团队的信心和士气。在困难面前，团结的团队更容易保持积极的心态，勇敢地迎接挑战。大家相互鼓励、支持，共同克服困难，这种精神力量是无法估量的。现实中要实现同心协力，我们需要建立良好的沟通和协作机制。大家要保持开放的心态，尊重他人的意见和建议，充分发挥每个人的优势。只有这样，我们才能在困难面前形成强大的战斗力。

患难与共

成语出处

西汉司马迁《史记·越王勾践世家》："越王为人长颈鸟喙，可与共患难，不可与共乐。"

成语释义

患难：困难和危险的处境。与共：一同承受。本义指在不利处境中同心协力，共同承担困难和危险，用来形容彼此一心、利害一致。

成语典故

春秋末期，越王勾践因为自己的轻敌，贸然出兵攻打吴国，被吴王夫差打得丢盔弃甲，伤亡惨重。经过这次沉重的打击，越王勾践听取了范蠡的建议，到吴国去给夫差当奴隶。在此期间，越王勾践的两位重臣范蠡和文种给了越王勾践非常大的帮助。范蠡跟随勾践到吴国当奴隶不离不弃，文种留在越国激励百姓生产，为越国打败吴国不断出谋划策。在他们君臣的共同努力下，越王勾践终于找准时机，一雪前耻，打败了吴王夫差，成为春秋时期最后一位霸主。范蠡在战争胜利后果断选择了归隐，随后给他的好友文种写了一封信。在信中，范蠡说越王勾践为人比较阴险，能在一起患难，但不能在一起共享荣华，劝文种早日离开越王勾践。文种没有听从范蠡的建议，最终被越王勾践杀害。文中的"共患难"就是成语"患难与共"的前身。

哲学解读　　**患难与共**指在不利处境中同心协力，共同承担困难和危险，彰显大局意识、整体观、全面观的思想境界。患难与共反映了在不利环境中，有大局意识，才能找准定位、明确方向。患难与共要求从客观整体的利益出发，站在全局的角度看问题、想办法、作决策，才能攻坚克难，取得成功。

现实
意义

❶ **患难与共彰显了中华民族的凝聚力**

患难与共是民族凝聚力成长的"胚胎"。在漫长的历史发展和各种灾害中，中华大地上各族人民逐步形成了水乳交融的和谐关系，自始至终团结一心、同舟共济，建立了统一的多民族国家，形成了患难与共、守望相助的中华民族大家庭文化基因，使中华民族文化有机融为一体，使中华民族命运共同体意识广泛传播、深入人心，使各族人民在遭遇重大挫折、面对重大风险挑战时，能够更加牢固地凝聚在一起。

患难与共是社会变革的"稳定器"。在中国革命、建设、改革的各个历史时期，全国各族人民正是大力弘扬患难与共的传统美德，在伟大的中国共产党坚强领导下，同心同德，众志成城，携手前行，历经各种艰难险阻，克服重重困难，化不利为有利，变不可能为可能，在为实现民族独立、人民解放和国家富强、人民幸福的不懈奋斗中，始终成为一个无坚不摧的战斗集体，为实现中华民族伟大复兴注入了深深的自觉和坚定的自信。

患难与共是战胜自然灾害的"传家宝"。道有夷险，履之者知。越是紧要关头，越是能考验一个国家和民族的凝聚力。在很多重大自然灾害面前，我们正是坚持人民至上理念，在任何情况下都始终坚持党同人民群众患难与共，"一方有难，八方支援"的理念深入人心，成为中国共产党和新时代中华儿女的自觉行动，解决了一个又一个危机，取得了一个又一个胜利。

❷ **患难与共彰显了多党合作的制度优势**

中国的政党发展和政党制度的选择经历了漫长的过程。在中华民族内忧外患、社会危机空前深重的背景下，1921年中国共产党应运而生。各民主党派是在中国人民反帝爱国、争取民主和反对独裁专制的斗争中产生和发展起来的。中华人民共和国成立后，中国共产党加强与各民主党派、无党派人士的团结合作，提出"长期共存、互相监督"的方针，之后进一步发展为"长期共存、互相监督、肝胆相照、荣辱与共"的方针。中国共产党重视发挥各民主党派在国家政治和社会生活中的重要作用，尊重、维护和照顾同盟者利益。各民主党派认同中国共产党的基本理论、基本路线、基本方略，自觉做中国共产党的好参谋、好帮手、好同事。在中国共产党领导下，各民主党派积极投身实现中华民族伟大复兴中国梦的伟大实践，共同致力于国家富强、人民幸福的宏图伟业。

中国新型政党制度是马克思主义政党理论与中国实际相结合的产物，是中国共产党、中国人民和各民主党派、无党派人士的伟大政治创造，它是在中国共产党领导的历史实践中孕育诞生的，广大人民群众和各民主党派、民主人士共同参与了这个制度的培育,共同见证了这个制度的成长、完善和发展。多党合作的社会主义政党制度深深留下了中国共产党、各民主党派和全体人民风雨同舟、患难与共的烙印。

❸ 患难与共彰显了协和万邦的大国风范

中华民族千百年来形成的天下大同、协和万邦的思想理念，不仅孕育了患难与共、守望相助的中华民族命运共同体意识，而且也孕育了唇齿相依、美美与共的天下情怀。这种超越国家民族局限的"天下观"与马克思主义的世界观高度契合，是中国共产党人国际视野和天下情怀的历史文化基因。

在全球化的时代，各国之间的联系日益紧密。当面临全球性的危机，如疫情、自然灾害等，没有一个国家能够独善其身。此时，大国应该发挥引领作用，与其他国家携手合作，共同应对挑战。中国在新冠疫情期间，向多个国家提供了医疗物资和技术支持，分享抗疫经验，这充分展示了中国的大国担当。这种患难与共的精神，不仅有助于全球疫情防控，也增进了各国之间的友谊和互信。同时，协和万邦的大国风范还体现在推动多边主义和构建人类命运共同体上。大国应该积极参与国际事务，维护国际秩序，推动全球治理体系的改革和完善。通过与其他国家平等协商、互利共赢的合作，实现共同发展。

另外，大国在处理国际关系时，应该秉持公平、公正、包容的原则，尊重各国的主权和发展道路，不搞霸权和强权政治，以和平、合作的方式解决争端。患难与共、协和万邦的大国风范，不仅能够赢得国际社会的尊重和认可，也为全球的和平与发展作出了积极贡献。在未来的国际合作中，我们应该继续弘扬这种精神，共同构建一个更加美好的世界。

海纳百川

兼容并包

博采众长

天人合一

恢廓大度

兼听则明

突出的包容性

求同存异

厚德载物

宽宏大量

兼收并蓄

虚怀若谷

宽以待人

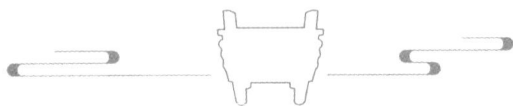

包容既是品格、精神，又是智慧、力量，既是世界观、又是方法论。文化的包容性则既是一种成熟稳定的价值形态，又是一种自信豁达的动力源泉。

悠悠历史长河中，中华优秀传统文化突出的包容性融会在中华民族千百年来交往交流交融的历史中。它以其独有的魅力和韧性营造了华夏大地上各民族多元价值取向并存的和谐格局，塑造了中华文化对世界文明兼收并蓄的开放胸怀。

中华文明突出的包容性是中华民族在千百年来的实践奋斗中磨砺锻造出来的。它不但是一代又一代杰出的政治领袖、大师巨匠、哲人智者和英雄豪杰等带领广大人民群众不懈探索、勇毅接力的结果，而且又以各种方式哺育和造就了一代又一代的优秀分子，让他们在实践中又对其进行了不断的丰富和发展。

新时代新征程，马克思主义在中华大地落地生根，只有与中华优秀传统文化相结合，马克思主义的人民性立场、先进性属性、革命性特征才能更好地彰显，从而在中国式现代化的历史进程中，在中华优秀传统文化突出的包容性的沃土中，汲取中外文明营养，汇聚古今文明精华，使中国特色社会主义文明新形态应运而生、顺势而兴。

中华成语文化正是中华文明"求同存异"，开放包容，吸收国内外各民族的优秀文化并"为我所用"的实践者和见证者。作为一种群众喜闻乐见的文化载体，中华成语在中国特色社会主义文化新形态建设中扮演着十分重要的角色。它既是"两个结合"的有效载体，也是用群众性语言讲述中国故事、传播中国精神的有效载体。

成语文化是5000多年中华文明发展结出的硕果，积淀着中华民族最深层的精神追求，这种精神追求以包容性为突出特征，凝聚着中华多民族统一的力量，团结着中华儿女的共同情感，发挥出不可估量的强大凝聚力量。

世界百年未有之大变局下，中华文化中的包容性理念将成为创造人类文明新形态、推动世界文化繁荣发展的重要精神力量。

海纳百川

成语出处

晋代袁宏《三国名臣序赞》："形器不存，方寸海纳。"唐代李周翰注："方寸之心，如海之纳百川也，言其包含广也。"

成语释义

纳：容纳，包容。本义指大海能够容纳成百上千条江河之水。比喻包容的东西非常广泛，而且非常广大。

成语典故

徐邈是三国时期魏国的尚书郎，他为官清廉，政绩卓越。他担任凉州刺史期间，修整盐池，鼓励耕种，很快治下百姓丰衣足食。他大力倡导仁义，建立学校，使善者进而恶者退，推行教化，凉州的百姓都真心归附。他惩治恶人，纠正冤假错案，凡是朝廷给他的赏赐都分给将士们，自己的家人却常常衣饭不足。在《三国名臣序赞》中，袁宏用"方寸海纳"来形容他，意思是方寸那么大的地方本来也放不下什么东西，竟能像大海一样容纳万物。唐朝的李周翰在旁边注释："方寸之心，如海之纳百川也，言其包含广也。"海纳百川这个成语就这样流传下来。

哲学解读 **世界**是一个普遍联系的整体，各种事物和现象之间相互依存、相互影响。海纳百川意味着各种不同的事物和元素都可以在一个更大的整体中找到自己的位置，相互关联、相互作用，实现系统的整体优化和协同发展。中华文化是一个博大精深、源远流长的文化体系，它不仅是中华民族自身创造的结晶，也是中华民族海纳百川的结果。历史上，中华民族始终保持着开放包容的

心态，积极引进和吸收外来文化的优秀成果，使之与本土文化相融合，从而丰富和发展了自己的文化。海纳百川提醒我们要以宽容、开放的心态去面对世界的多样性，从而促进个人的成长和社会的和谐发展。

现实意义

❶ 海纳百川的包容精神根植于中华优秀传统文化基因

海纳百川的包容精神是中华优秀传统文化的重要基因，它深深根植于中华民族的历史和价值观中。中华文明自古就以开放包容闻名于世，中华优秀传统文化中深刻蕴含着包容精神，即海纳百川。春秋战国时期，思想领域百家争鸣，铸就了中华民族思想领域开放的大好局面。在五千多年不间断的历史传承中兼容并蓄、创新升华。回顾历史历程，从赵武灵王胡服骑射，到北魏孝文帝汉化改革；从"洛阳家家学胡乐"到"万里羌人尽汉歌"；从边疆民族习用"上衣下裳""雅歌儒服"，到中原盛行"上衣下裤""胡衣胡帽"，以及今天随处可见的舞狮、胡琴、旗袍等，我国各民族在文化上相互尊重、相互欣赏，相互学习、相互借鉴，共同创造了丰富灿烂的中华文化，促进了民族大团结大繁荣。

在当今全球化的时代，包容精神显得尤为重要。中华优秀传统文化中的包容基因可以为我们提供宝贵的指导，帮助我们建立一个和谐、多元和包容的社会。通过培养包容精神，我们可以更好地理解和尊重不同文化、观点和生活方式，促进跨文化交流与合作。中华民族以海纳百川的胸怀，不断兼收并蓄，最终创造了灿烂辉煌的中华优秀传统文化，实现了中华民族的大凝聚、大团结，使中华民族屹立于世界民族之林。

❷ 海纳百川的开放胸襟是推动中华民族发展进步的精神动力

海纳百川的开放胸襟是推动中华民族发展进步的强大精神动力。它不仅体现了中华民族的智慧和气度，也为中华民族的繁荣和进步奠定了坚实的基础。开放胸襟意味着乐于接受新的观念和事物。在中华民族的历史长河中，我们始终保持着对外部世界的好奇和学习的渴望。无论是古代的丝绸之路还是近代的改革开放，中华民族都以积极的态度与其他文化进行交流和融合。这种开放的态度促进了科技、文化和思想的传播，推动了社会的进步。海纳百川的精神鼓励创新和变革。只有在开放的环境中，人们才能勇于尝试新的思路和方法，不断探索和突破。中华民族自古就有勇于创新的传统，如四大发明等，这些创新成果不仅对中国，也对世界产生了深远的影响。

开放胸襟有助于培养合作和共赢的意识。在全球化的今天，各国相互依存，合作共赢成为发展的必然选择。中华民族善于与其他国家和民族建立友好关系，通过合作实现共同发展。这种合作精神不仅有助于解决国际争端，也为全球的和平与繁荣作出了贡献。海纳百川的开放胸襟是中华民族历史进程中不可或缺的精神动力，它促使我们不断学习、创新、合作，推动着中华民族走向更加繁荣昌盛的未来。让我们继续秉持这种开放的精神，以更加宽广的胸怀迎接世界的挑战和机遇。

❸ 海纳百川的天下情怀是处理国际关系的重要理念

海纳百川的天下情怀是处理国际关系的重要理念，它体现了一种包容、开放和共赢的态度。在全球化的时代，各国之间的相互依存度越来越高，国际关系变得更加复杂。海纳百川的天下情怀强调以和谐、合作的方式解决国际争端，通过对话和协商来达成共识。这种理念摒弃了霸权和零和思维，倡导各国共同发展、共同繁荣。天下情怀还体现了对不同文化和价值观的尊重与包容。每个国家都有其独特的历史、文化和社会背景，这些差异应该被视为宝贵的财富而非冲突的根源。以海纳百川的心态去理解和接纳其他国家的文化，有助于建立相互信任和尊重的国际关系。

海纳百川的天下情怀鼓励各国在国际事务中承担责任、分享利益。一个国家的发展不应该以牺牲其他国家的利益为代价，而是应该通过合作实现共赢。这种理念有助于促进国际公平与正义，推动全球可持续发展。在实践中，中国一直秉持着海纳百川的天下情怀。例如，"一带一路"倡议就是中国倡导的多边合作平台，旨在促进各国之间的经济合作和互联互通。通过"一带一路"建设，各国可以共享发展机遇，实现共同繁荣。海纳百川的天下情怀为处理国际关系提供了积极的思路和方法。它强调相互理解、合作共赢，有助于构建一个和平、稳定、繁荣的世界秩序。在国际交往中，我们应该弘扬这一理念，以更加开放和包容的心态面对全球挑战，共同推动人类社会的发展进步。

兼容并包

成语出处

汉代司马迁《史记·司马相如列传》："故驰骛乎兼容并包，而勤思乎参天贰地。"

成语释义

容：容纳；包：包含，包括。指对各种不同的人、学术、思想等都能包容在内。

成语典故

司马相如出任中郎将职位出使蜀地时，蜀地的父老都认为打通西南夷无用，朝中的大臣也是这种意见，司马相如不敢直谏，于是假借蜀地父老的语气，作《难蜀父老》一文讽谏。文中说道："贤明的君王登上王位，难道只抓琐事小节，拘泥于陈规，受限于世俗议论，顺从舆论，迎合讨好世人吗？不，他们一定会支持采纳具有远见卓识的议论，为子孙开创能够流传千年的基业，成为万代的典范。所以他能广泛收集意见，兼容并包，在高阔如同天地的心胸中思考。"

哲学解读 **兼容并包**指对各类的人或事物都尽量容纳，体现的是一种思想态度，意味着在处理问题或看待事物时，能够容纳不同的观点或意见，并且尽量理解和尊重它们。在马克思主义哲学视角下，兼容并包体现了一种对多样性和差异性的尊重和理解。这种思想态度不仅有助于促进不同观点和意见之间的交流，也有助于推动社会的进步和发展。因为，只有当我们真正理解和尊重不同的观点和意见时，才能够更好地认识和改造世界。

现实
意义

❶ 兼容并包的思想有助于个人成长和事业进步

兼容并包的思想是一种开放、包容和多元化的思维方式，它对个人的成长和事业进步具有重要意义。兼容并包的思想体现了个人豁达大度的胸怀，有助于个人在人际交往中建立良好的人际关系，也是助力个人成长的内在支撑。兼容并包的人通常心态开放，愿意接受新的思想、观念和经验。他们善于不断学习，追求完善，从而在个人层面上实现更好地成长和发展。

具备兼容并包品质的人能够做到换位思考，以较强的同理心和包容心理解他人的立场和处境，更好与他人相处，增强自身适应社会的能力。包容是一种美好的心性，是一种博大的胸襟，是一种能够放下一切的气度，是一种淡定从容的洒脱，是一种俯仰自如的风度。一个人一生成就的大小，很大程度上就是由他胸襟的大小决定的。心胸有多大，事业就有多大；能够包容多少，就会拥有多少。纵观古今成大事业者，无不有海纳百川的肚量，所谓"将军额上能跑马，宰相肚里能撑船"。因此，包容是人生必不可缺少的智慧，是一堂人生的必修课。兼容并包的思想让人们能够不断学习和成长。它鼓励人们保持谦虚的态度，愿意接受他人的批评和建议，从而不断改进自己。这种自我提升的精神是个人成长和事业进步的关键。

❷ 兼容并包的思想有助于促进文化多样性和文化交流

兼容并包的思想对于促进文化多样性和文化交流具有至关重要的意义。中华文化源远流长，兼容并包的思想始终贯穿其中，在漫长的历史进程中形成了自身独特的文化体系。在面对不同文化、思想和观念时，我们应当采取开放包容的态度，接纳它们，吸收它们为我所用，这也是中华文化传承数千载且不断发展成熟的关键所在。

中华文化尊重不同文化、思想之间的差异，不会在面对这些差异时去强调自己的文化优越性，而是以平等、尊重的态度去面对它们，去理解和接受它们。中华文化还强调对其他文化、思想的包容和吸收，在历史上，很多其他民族的文化被吸收进来，成为中华传统文化的一部分。华夏大地上几千年的中华文化丰富灿烂，56 个民族的文化在历史延续过程中记录着各自民族的发展轨迹。任何一个民族的文化都不是静止的，每个历史阶段均会形成独具时代风格的文化特质，这些文化都有其独特的性质和精神内核，这便是不同文明的根本差异，造成了文化的多样性。中华文化兼容并包，将这些灿烂的文化汇聚、融合，形成了独特的中华文化。

兼容并包体现了中华文化包容性的精神内涵，这种精神内涵让我们在面对不同的文化、思想时能够以开放和包容的态度，不断吸收、创新、融合，形成独特的文化体系，也为中国的发展提供了强大的精神动力和文化支撑。

❸ 兼容并包的思想有助于推动国家进步和改革创新

兼容并包的思想是推动国家进步和改革创新的重要力量。它体现了一种开放、包容和多元化的思维方式，对于一个国家的发展具有深远的影响。兼容并包的思想促进了知识和信息的交流与共享。在一个具有兼容并包精神的社会中，不同领域、不同背景的人们能够自由地交流思想、经验和知识。这种交流有助于激发创新思维，推动科技进步和文化发展。兼容并包的思想有助于吸引和留住人才。一个国家如果能够营造出包容和开放的环境，吸引来自不同地区、不同文化背景的人才，就能够充分发挥他们的才智和潜力。这样的人才汇聚将为国家的进步和创新提供强大的动力。同时，兼容并包的思想也有利于促进国际合作与交流。在全球化的背景下，国家之间的合作变得更加紧密。一个具有兼容并包精神的国家更容易与其他国家建立良好的合作关系，共同应对全球性挑战，实现共同发展。

兼容并包的思想培养了社会的创新氛围和创业精神。它鼓励人们勇于尝试、敢于创新，为个人和企业的发展提供了更多的机会和空间。兼容并包的思想对于推动国家进步和改革创新具有不可忽视的重要性。国家应该积极倡导和实践这种思想，营造开放、包容和创新的社会环境，以实现可持续的发展和进步。

博采众长

成语出处

宋代刘克庄《宋资政殿学士赠银青光禄大夫真公行状》："今敌徙南，宜诏有位皆得尽言，然后博采众长，按为定论。"

成语释义

博采：广泛采纳。指广泛采纳各方面的长处。

成语典故

鲁国是周公旦的封地，周公死后，长子伯禽继位。周成王封伯禽为鲁公，把他从鲁国召到京师，问道："你知道为君之道吗？但凡身处尊贵的位置，必须礼敬臣下之人，以随顺的德性来接受劝谏。必须毫无忌讳地广开言路，谦卑而安详清静地待之。不要用武力来威慑进谏者，不要扼杀言论，广博地采纳他们的言辞，选择合适的部分。如果仅有文事而无武力，就不能威慑群下；如果仅有武力而没有文事，百姓则恐惧而不敢亲近。文事武备兼行，这样才能成就威信与仁德。成就了威信与仁德，百姓信服并且亲近，清廉贤能之士有晋升之路，馋佞之人不得晋升，进谏者能畅所欲言。这样，忠信的大臣就逐渐增多了。"伯禽向周成王拜了两拜，欢喜信授，辞别而去。

哲学 解读	**博采众长**强调要广泛地吸收各种有益的经验和知识取长补短。运用全面的观点看问题，就要秉承开放理念，兼容并蓄，海纳百川，不断

构建汲取优秀思想、创新发展理论的大格局大气象。马克思主义认识论认为，事物的本质和规律是复杂的，涉及各种因素和力量的相互作用，因此要全面地认识事物，必须从不同的角度对事物进行观察和分析。博采众长强调广泛吸收有益的

经验，以全面地认识事物的本质和规律的内涵，正是马克思主义认识论的一种体现。

❶博采众长是中华文化持久生命力的关键密码

巍巍华夏五千载，博采众长筑根基。中华文化源远流长、博大精深，博采众长成为其持久生命力的关键密码。博采众长体现了中华文化的开放性和包容性。中华文化自古以来就善于吸收和融合其他文化的精华，不断丰富和发展自己。从汉文化与少数民族文化的交流融合，到佛教、道教等外来宗教的传入和融合，中华文化始终保持着开放的姿态，接纳并融合多元文化元素。这种开放性和包容性使得中华文化具有了强大的生命力和适应能力。在历史的长河中，中华文化能够不断吸收新的思想、观念和技术，与时俱进，不断创新。例如，中国古代的四大发明——造纸术、印刷术、火药和指南针，就是中华文化博采众长的结晶，对世界文明的发展产生了深远的影响。

博采众长也促进了中华文化的传承和发展。中华文化强调传承与创新的结合，既注重传统文化的保护和传承，又鼓励在传统的基础上进行创新和发展。通过博采众长，中华文化能够不断吸收其他文化的优秀成分，为自身的发展注入新的活力。同时，这种传承与创新的结合也使得中华文化能够在不同的历史时期保持其独特的魅力和价值。博采众长还培养了中华民族的谦虚和学习精神。中华民族深知自身文化的优势和不足，因此始终保持着谦虚的态度，愿意向其他文化学习和借鉴。这种学习精神使得中华文化能够不断进步，不断完善自己。

在当今全球化时代，博采众长的精神对于中华文化的传承和发展尤为重要。面对多元文化的冲击和挑战，中华文化需要继续保持开放和包容的态度，积极与其他文化进行交流和对话。只有这样，中华文化才能在世界文化之林中焕发出更加耀眼的光芒。

❷ 博采众长是马克思主义中国化时代化的不竭动力

马克思主义中国化时代化是一个不断发展和创新的过程，而博采众长则为其提供了源源不断的动力。博采众长有助于马克思主义与中国实际相结合。中国有着独特的历史、文化和社会背景，马克思主义要在中国落地生根，就必须与中国的具体实际相结合。通过博采众长，我们可以吸收其他理论和实践的经验，为马克思主义中国化时代化提供更多的思想资源和实践启示。

博采众长促进了马克思主义的中国化时代化。随着时代的发展，社会面临着新的问题和挑战。博采众长可以使马克思主义更好地回应时代需求，不断丰富和发展其理论内涵。人们可以借鉴其他学科的研究成果，如经济学、社会学、生态学等，为马克思主义的时代化提供新的视角和方法。博采众长也有利于推动马克思主义的创新发展。在全球化背景下，各国之间的交流与合作日益频繁。通过与其他国家和地区的交流互动，我们可以学习和借鉴他们在马克思主义理论和实践方面的有益经验，激发创新思维，推动马克思主义在中国的创新发展。

博采众长还有助于增强马克思主义的吸引力和影响力。一个具有开放包容精神的理论体系更容易得到广泛的认可和接受。通过吸收和融合各种优秀思想和文化，马克思主义能够更好地与人们的实际生活相联系，增强其对人民群众的吸引力和感召力。

❸ 博采众长是中国特色社会主义不断发展的成功之道

中国特色社会主义的发展离不开博采众长的精神。通过广泛吸收和借鉴国内外的优秀经验和智慧，中国在经济、政治、文化等各个领域取得了显著的成就。博采众长促进了中国特色社会主义的经济发展。中国在改革开放的过程中，学习和借鉴了其他国家的市场经济经验，同时结合自身国情，逐步建立起了社会主义市场经济体制。博采众长也推动了中国特色社会主义的政治进步。中国在政治制度建设方面，借鉴了其他国家的有益经验，同时保持了自身的特色和优势。此外，博采众长有助于中国特色社会主义文化的繁荣。中国文化传统源远流长，但中国也积极借鉴和吸收其他国家和民族的文化精华，丰富和发展自己的文化内涵。这种文化的交流和融合促进了中国文化的创新和多样性。同时，博采众长还促进了中国与世界各国的交流与合作。中国在国际事务中秉持开放包容的态度，积极参与全球治理，与其他国家分享发展经验。通过与各国的交流合作，中国能够更好地学习和借鉴国际先进理念和做法，为中国特色社会主义的发展提供更多的启示和支持。

天人合一

成语出处

宋代张载《正蒙·乾称篇》："儒者则因明至诚，因诚致明，故天人合一，致学而可以成圣，得天而未始遗人。"

成语释义

天：天道，也指自然。指天与人的关系紧密相连而不可分，强调天道与人道、自然与人为的相通与统一。

成语典故

天人合一的思想体现了儒家的宇宙观以及相关的修身要求，即万物一体、天人合德。"天人合一"一词虽然是由宋朝人张载首先提出的，但在中国传统文化中可以说是源远流长，是中国传统哲学中的一个重要命题。这一思想强调人与自然的统一，实现人与自然的和谐发展，这一思想对于今天反思现代工业文明和科技文明所产生的负面效应，重新构建人与自然之间的和谐关系，具有重要的借鉴价值。

哲学解读 **天人合一**的思想体现了对人与自然关系的深刻理解。天人合一思想强调的是人与自然的统一、和谐、共生，即人类应该顺应自然规律、尊重自然环境、保护自然资源，实现人与自然的和谐共处。这种思想与马克思主义哲学对人与自然关系的理解是相一致的。哲学的世界观要求人们学会思考怎样认识世界、改造世界。人生观是世界观的主要组成部分和集中体现，有什么样的世界观，就有什么样的人生观。人生观的核心问题是价值观问题，正确的价值观激发人的求知欲望，催化人的生命体验，引导人

的人生追求，形成健全的人格。天人合一的世界观深刻揭示了人的存在方式，为人们提供了开放包容的人生观和价值观

现实意义

① 天人合一体现了人与自然的和谐共生

天人合一是中国传统文化中的一个重要理念，它强调了人与自然的相互关系和相互依存。从哲学层面来看，天人合一理念认为人是自然的一部分，而不是与自然对立的存在。这种观念提醒人们要尊重自然、顺应自然，而不是试图征服自然。人与自然的和谐共生意味着人类的活动应该与自然的规律相契合，不破坏自然的平衡和生态系统。

在实践层面上，天人合一倡导可持续发展和生态文明建设。这意味着我们要采取措施保护自然环境，减少对自然资源的过度开采和滥用。通过合理利用自然资源、推广可再生能源、加强环境保护等举措，可以实现人与自然的长期和谐共生。

天人合一还鼓励人们培养对自然的敬畏和感恩之情。当我们意识到自然的伟大和神奇时，就会更加珍惜和保护自然。这种敬畏和感恩之情可以促使人们采取行动，保护自然环境，维护生态平衡。总之，天人合一理念提醒我们要尊重自然、保护自然，以实现人类社会和自然环境的可持续发展。

② 天人合一体现了人与社会和谐相处

天人合一强调人与自然的统一，而人是社会的组成部分，因此这种统一也包含了人与社会的和谐关系。人与社会的和谐要求人们在社会中相互协调、相互融合的状态，以达到共存共荣、和谐发展的目的。只有人与社会之间关系的和谐，才能让社会更加繁荣、稳定，同时也能让个人得到更加良好的发

展和生活。天人合一还倡导人们遵循道德和伦理准则，以善良、宽容和互助的态度对待他人。这种道德观念有助于建立和谐的人际关系，减少社会矛盾和冲突。同时，天人合一也提醒我们要关注社会的公平与正义。一个和谐的社会应该保障每个人的基本权利和机会，减少贫富差距和社会不平等。通过共同努力，我们可以营造一个公平、公正、和谐的社会环境。天人合一理念为我们提供了一种思考人与社会关系的视角，它提醒我们要关注整体、尊重他人、遵循道德，以实现人与社会的和谐共处。

❸ 天人合一体现了人与自我的和谐统一

　　无论是人与自然的和谐，还是人与社会的和谐，最重要的是人自身的和谐。人是有思想、有情感的个体，需要处理好自我与内心的关系。天人合一要求人们能够认清自我，了解自己的需求和愿望，同时也能够超越自我，实现自我与内心世界的和谐统一。人的内心有无穷的欲望，又有无穷的矛盾。懂得如何与自己相处，才是人生的根本，才能保持身心的和谐。这就要求我们一方面要发挥自己的能力，服务于社会，使其有利于社会的发展；另一方面要使个体的生命处于积极、和谐的状态。同时，要坦然接纳自己、完善自己，善于自我斗争，养成常常走向内心，自省自悟的习惯，实现人与自我的和谐统一，为实现人自由而全面发展夯实根基。

　　实现人与自我的和谐统一是一个持续的过程，需要我们不断探索和努力。只有当我们实现了自我的和谐统一，才能够更好地面对生活的挑战，实现个人的成长与社会的进步。

恢廓大度

南朝宋范晔《后汉书·马援传》："今见陛下，恢廓大度，同符高祖，乃知帝王自有真也。"

成语释义

恢廓：开阔，宽宏。指胸襟开阔，气度宏大。

成语典故

春秋时期，齐国的公子纠与公子小白争夺君位，管仲和鲍叔牙分别辅佐他们。管仲带兵阻击小白，用箭射中他的衣带钩，小白装死逃脱。后来小白即位为君，史称齐桓公。鲍叔牙对桓公说，要想成就霸王之业，非管仲不可。于是桓公重用管仲，鲍叔牙甘居其下，二人协助齐桓公成就一代霸业。鲍叔牙让贤荐管仲、桓公弃仇用管仲、管仲贤能助霸业。后人称颂齐桓公"一匡天下"之功，孔子赞扬管仲辅佐桓公之功，司马迁则认为天下之人应称赞鲍叔能够知人，而这种"知人"背后更是颂扬其不怀私心、让贤善荐之举，是一种恢廓大度的胸怀。

哲学解读 **恢廓大度**形容人的心胸开阔、气量宏大，能够包容和理解不同的思想、文化和价值观。历史唯物主义认为，人类社会是在不断发展变化的，在这个过程中，各种不同的文化和思想相互碰撞、相互融合。只有那些具有恢廓大度、开放包容思想的人才能适应这种发展的要求，才能引领时代的发展。恢廓大度所体现的价值观也是马克思主义基本原理同中华优秀传统文化相结合的体现。

❶ 恢廓大度涵养了包容协作的民族气质

恢廓大度是一种高尚的品质，它体现了一个人的宽容和豁达。在中国悠久的历史长河中，恢廓大度的精神涵养了我们民族包容协作的气质，使得中华民族能够屹立于世界民族之林。恢廓大度培养了我们包容的品质。一个具有包容心的民族能够接纳不同的文化、观念和生活方式，从而促进多元文化的交流与融合。中国自古以来就有和而不同的理念，这种理念体现了对不同观点和差异的尊重与包容。正是因为这种包容，我们的民族才能够吸收外来文化的精华，不断丰富和发展自己。恢廓大度促进了协作的精神。在一个相互包容的社会氛围中，人们更容易建立起信任和合作关系。当面对困难和挑战时，大家能够携手合作，共同克服困难。这种协作精神在中国历史上屡见不鲜，无论是抵御外敌入侵还是抗击自然灾害，中国人民总是能够团结一心、共同奋斗。此外，恢廓大度还能够营造和谐的社会环境。在一个宽容的社会中，人们更加注重相互理解和尊重，减少了矛盾和冲突的发生。这种和谐的氛围有助于社会的稳定和发展，使人们能够在一个安全、稳定的环境中追求个人的幸福和成长。

恢廓大度的民族气质对于国家的发展具有重要意义。在全球化的时代背景下，一个具有包容协作气质的民族更容易与其他国家和民族建立良好的关系，促进国际合作与交流。这对于国家的经济发展、文化传播和国际影响力的提升都具有积极的推动作用。

❷ 恢廓大度铸就了共创伟业的磅礴力量

我国是一个统一的多民族国家，在中华民族大家庭里，各民族在长期历史演进中不断交往交流交融，在文化上相互学习借鉴，逐步形成休戚与共、荣辱与共、生死与共、命运与共的共同体，共同塑造了灿烂的中华文明，为共创伟业积蓄了磅礴力量。中华民族恢廓大度的胸怀，彰显着中华文明开放自信包容的内在特质，也成为中华文明永葆生机活力的一个重要原因。

新思想指导新实践，新思想引领新征程。党的十八大以来，中国共产党就坚定文化自信、推动文明交流互鉴等提出一系列重要论断，强调我们要铸就中华文化新辉煌，就要以更加恢廓大度的胸怀，更加广泛地开展同各国的文化交流，更加积极主动地学习借鉴世界一切优秀文明成果。在今天全球化和多元化的世界中，中国共产党始终以世界眼光关注人类前途命运，从人类发展大潮流、世界变化大格局、中国发展大历史来认识和处理同外部世界的关系，这正是中国共产党胸怀天下的体现。我们要从中华优秀传统文化中汲取智慧和力量，让中华文明在同其他文明的交流互鉴中不断焕发新的生命力，让中华文化所蕴含的理念与智慧跨越时空、超越国度，为时代发展提供正确指引，为人类文明作出中国贡献，共同建设开放包容的世界，携手促进人类文明进步。

❸ 恢廓大度构筑了社会和谐的沃土良方

恢廓大度可以促进人与人之间的理解和包容。当人们以宽容的心态对待他人的差异和错误时，能够减少冲突和矛盾的发生。相互理解和包容有助于建立良好的人际关系，增强社会的凝聚力。恢廓大度培养了合作与互助的精神。在一个宽容的社会环境中，人们更愿意合作解决问题，一道追求共同的目标。这种合作精神有助于促进社会的发展和进步。此外，恢廓大度还能够营造一个公平正义的社会氛围。当人们不拘泥于个人私利，而是从更广泛的社会利益出发时，更容易实现资源的公平分配和社会的公正。而且，恢廓大度有助于缓解社会压力和矛盾。在面对竞争和压力时，宽容的态度可以减少人们的焦虑和紧张，促进身心健康，从而为社会和谐创造有利条件。恢廓大度还能够推动文化的多元发展。一个包容的社会能够容纳各种不同的文化和观念。

恢廓大度是社会和谐的基石和推动力量。弘扬恢廓大度的精神是一个长期而持续的过程，需要全社会的共同努力。通过培养和弘扬恢廓大度的精神，我们可以构建一个更加和谐、稳定和繁荣的社会。

兼听则明

成语出处

汉代王符《潜夫论·明暗》："君之所以明者，兼听也；其所以暗者，偏信也。"

成语释义

听取多方面意见，全面了解情况，就能明辨是非，作出正确判断。

成语典故

汉代王符在《潜夫论·明暗》中写道："国家之所以能够安定，是因为有一个英明的君主；国家之所以混乱，是因为君主昏聩。而君王之所以能够英明，是因为他明辨是非，听取多方面的意见；君主昏庸是因为他偏信某些人的话。"这种思想在中国古代是非常重要的，因为在那个时代，君主作为国家的最高统治者，他的决策对国家的发展有着重大的影响。如果君主不能做到"兼听"，作出明智的决策，那么整个国家都会陷入危险动荡之中。

哲学解读 **兼听则明**要求人们要用联系的、发展的、全面的观点去观察、认识事物和处理问题。事物都是复杂多变的，这就要求我们正确认识事物的多样性，兼听则明，多方面地对事物的信息进行收集，对其进行全面的了解。兼听则明告诉我们，我们想问题做事情要联系地、全面地看问题，不能仅仅局限于自己的主观臆断，片面的理解会造成严重的错误，我们要听取广泛的意见，综合考虑各种因素，辩证地看待事物。对于矛盾着的问题，要全面地看待问题，坚持两分法，反对片面的一点论，防范片面性的错误。尤其要以问题为导向，善于正确分析矛盾，在对立中把握统一，在统一中把握对立，克服极端化、片面化，善于运用辩证思维谋划事业发展。

现实
意义

❶ **兼听则明是正确的处事之方**

唯物辩证法告诉我们世界万事万物都是相互联系的，我们想问题做事情要联系地、全面地看问题，综合考虑各种因素，辩证地看待事物。兼听则明所体现的思想正是一种综合考虑、正确看待事物的理念，我们在认识和理解事物时，要尽可能地多听取各方的意见，以便我们在决策时能够准确地理解和把握事物的本质和规律。

坚持兼听则明，我们在理解事物时可以避免片面地看待问题，避免个人偏见和主观臆断的干扰。兼听则明的思想还提示我们要有广阔的胸襟和视野，注意倾听和吸收各种不同的信息和意见。在进行决策时，做到综合考虑各种因素，权衡利弊，以作出更为科学合理的决策。

历史上，唐太宗问魏徵："历史上为人君，为什么有的人明智，有的人昏庸？"魏徵回答说："多多听取各方面的意见，就明智；只听单方面的话，就昏庸。"他还举了历史上尧、舜和秦二世、隋炀帝的例子，说："治理天下的人君如果能够采取下面的意见，那么下情就能上达，他的亲信想蒙蔽也蒙蔽不了。"

在实践中，我们要积极践行兼听则明的思想方法，不断拓展自己的认知领域和思维境界，不被单方面的信息所蒙蔽，兼听则明，以提高我们的工作和生活质量。

❷ **兼听则明是明智的决策之基**

兼听则明要求我们在作决策之前要充分听取各方面的意见，才能正确认识事物，如果只相信单方面的话，必然会犯片面性的错误。所谓片面性，就是不知道全面地看问题。例如：只了解中国一方，不了解外国一方；只了解城市一方，不了解农村一方；只了解顺利情形一方，不了解困难情形一方；如此等等。不了解矛盾各方的特点，这就叫作片面地看问题，或者叫作只看见局部，不看见全体，一叶障目，不见泰山。

兼听则明要求我们在进行调查研究时做到全面、准确、真实地获取第一手资料。就是要坚持走到人民群众中，针对同一问题在不同层面、不同群体中广泛开展调查研究，尽可能掌握事物的全貌。要在深入分析思考上下功夫，去粗取精、去伪存真、由此及彼、由表及里，找到事物的本质和规律，找到解决问题的办法。要用好交换、比较、反复的方法，重视听取各方面意见，包括少数人的意见、反对的意见，立体式地进行分析，三思而后行，防止自以为是、一得自矜。兼听则明，偏听则暗，能听到不同声音不是坏事，经过多次"否定之否定"的过程，进行的思考、作出的决策才能符合实际。

❸ 兼听则明是开明的治国之道

古圣先贤很早就认识到，要实现国泰民安，执政者就必须倾听人民的呼声，使下情上达。《群书治要·潜夫论》中讲："治国之道，劝之使谏，宣之使言，然后君明察而治情通矣。"为此，他们设立了各种制度听取谏言，了解施政得失。《群书治要·汉书五》记载："古者圣王之制，史在前书过失，工诵箴谏，庶人谤于道，商旅议于市，然后君得闻其过失也。闻其过失而改之，见义而从之，所以永有天下也。"这些劝谏制度的制定，都是为了广开言路、洞察隐忧，做到兼听则明。古代圣哲明王设敢谏之鼓，立诽谤之木，让人们可以随时进谏，甚至洗耳恭听百姓的怨骂，诚心接受，真正做到了广泛听取民众意见、全面细致体察民情。

古代有"谏议之木"，现代有中国特色社会主义民主政治制度中的协商民主。改革开放后，协商民主覆盖政党、人大、政府、社会等各领域。在传统文化君仁臣忠的观念影响之下，领导者与被领导者之间是一体的关系；因此，在位者对人民尽到"君亲师"的责任，做到率先垂范、爱民如子、教学为先，而民众的回报则是不令而行、尽忠职守、感恩戴德。正是这种深厚的传统文化基因，孕育出独具特色的协商民主，通过协商达成共识，而非通过对立走向相互指责或否定。这种全过程人民民主就使得各级、各党派、各社会群体、各方面民众的意愿都能通过适当渠道得以充分表达，更好地从制度上保证了人民当家作主。

兼听则明体现了包容的治国之道，广泛听取各方面的意见和建议，蕴含着多元化、民主化、开放和进步的精神，对于现代社会的发展和治理依然具有重要的启示意义。

求同存异

成语出处

宋代陈瓘《祭范忠宣公文》（《宋文鉴》一三四）："彼执一者，弃异取同。异我曰偏，同我曰中。语各有心，心各有物。孰能审是，而不彼恤？"

成语释义

舍弃差异点，寻求共同点；搁置分歧点，择取一致点。

成语典故

《左传》中的一则故事讲述了齐国的公子光和晋国的公子重耳在著名的九华山上相遇。两人在九华山上进行了一次思想交流，光听闻重耳的政治理念后十分赞赏，认为重耳的主张与自己完全一致。于是光主动向重耳提出合作的建议，希望能够共同致力于实现大同世界的理想，以消除战乱和纷争。重耳恰巧也十分赞同大同世界的理念，但他认为在实现大同的过程中需要有一些小的差异，以适应各种不同的地域和文化。最终，光和重耳达成了共识，决定在共同理想的基础上保留一定的差异，以实现求大同存小异的目的。

哲学解读　　**求同存异**强调在矛盾和差异中寻求统一和共性。求同存异是基于理解和尊重不同观点、文化和价值观念的情况下，寻找彼此的存异场景共同点，以建立和谐、互利的合作关系。运用矛盾的同一性和斗争性辩证关系原理指导实践，要正确把握和谐对事物发展的作用。和谐是矛盾的一种特殊表现形式，体现着矛盾双方的相互依存、相互促进、共同发展。和谐并不意味着矛盾的绝对同一，和谐是相对的、有条件的，只有在矛盾双方处于平衡、协调、合作的情况下，事物才展现出和谐状态。社会的和谐、人与自然的和谐，都是在不断解决矛盾的过程中实现的。构建社会主义和谐社会就是在发展的基础上正确处理各种社会矛盾的历史过程和社会结果。求同存异启示人们在认识事物时，要承认事物之间存在的矛盾和差异，同时也需要认识到事物之间的差异性和特殊性是客观存在的，承认这种差异和矛盾，这是推动事物发展的重要动力。

现实
意义

❶ 求同存异，凝聚共识，是团队合作的有力支撑

在一个团队中，由于成员间的背景、观念、利益等方面的差异，难免会产生分歧和冲突。为了确保团队的和谐与高效，需要遵循求同存异的原则，积极寻求共同点，同时尊重和包容不同意见。

"求同"是团队合作的基础。共同的目标、价值观和利益是维系团队的纽带。在团队中，人们需要找到大家的共同点，以此来建立起合作的基础。比如，一个项目团队的共同目标是要完成一个高质量的项目，那么在追求这个目标的过程中，团队成员应该凝聚共识，齐心协力，共同为实现这个目标而努力。"存异"是尊重和包容的体现。每个人都有自己的独特观点和背景，这是丰富多样性的来源。在团队中，应该尊重每个成员的不同意见和观念，给予他们表达自己想法的空间。通过充分的交流和讨论，可以更好地理解彼此的观点，找到更好的解决方案。凝聚共识是团队合作的关键。在团队中，有时候不同意见和冲突是不可避免的。为了解决这些问题，人们需要通过有效的沟通、协商和妥协来凝聚共识。这需要团队成员具备开放的心态、良好的沟通技巧和解决问题的能力。通过凝聚共识，可以将团队的力量最大化，实现更好的合作效果。总的来说，"求同存异，凝聚共识"是团队合作中不可或缺的重要原则。通过理解和尊重不同观点，积极寻求共同点以及有效沟

通解决分歧，可以建立一个和谐、高效的团队，实现更好的合作效果。

❷ 求同存异，化解冲突，是推动社会发展的有力保障

在社会发展过程中，矛盾和冲突不可避免，求同存异的思想方法可以帮助人们有效解决这些矛盾和冲突，达到推动社会发展的目的。

在社会发展过程中，不同群体和个人之间的利益诉求和价值观往往存在差异，这也是导致社会冲突的原因之一。求同存异的思想方法可以帮助人们找到共同点，减少相互之间的矛盾和冲突，尊重彼此的差异和不同，促进社会的和谐与稳定。

求同存异是中华民族凝聚力、向心力的具体体现，是中华文明突出包容性的生动写照。改革开放40多年间，我国无论在经济领域还是其他领域都取得了巨大成就，改革的本质是对人们经济政治利益关系的不断调整过程，现在进入改革的攻坚期、发展的关键期、社会的转型期，表达不同利益诉求的人群越来越多，这就要求必须充分认识求同存异对构建和谐社会的重大意义，在实践中将求同存异理念落到实处，化解发展过程中的矛盾和冲突，有力保障社会持续、健康、稳定发展。

❸ 求同存异，合作共赢，是维护世界和平的有力方略

1955年4月，周恩来总理在印度尼西亚万隆召开的亚非会议上，针对某些国家针对中国、制造矛盾的行径提出了求同存异的方针。此方针得到了与会绝大多数国家代表的支持和拥护，缓和了大会紧张的气氛，促使会议取得圆满成功。求同存异方针不但能在社会制度不同的亚非国家之间架设友好相处的桥梁，也能使得许多本来敌对的国家和平共处，有利于维护世界和平，也为新中国国际威望的迅速提高奠定了坚实的基础，充分彰显了中华文明的突出包容性特点。

当今世界，各种不稳定因素暗流涌动，煽动仇恨、偏见的言论不绝于耳，

由此产生的种种围堵、打压甚至对抗对世界和平安全产生了有百害而无一利的影响。历史反复证明，对抗不仅于事无补，而且会带来灾难性后果，搞保护主义、单边主义，谁也保护不了，最终只会损人害己，搞霸权霸凌更是逆历史潮流而动。国家之间难免存在矛盾和分歧，但搞你输我赢的零和博弈是无济于事的，和平发展、合作共赢才是人间正道。不同国家、不同文明要在彼此尊重中共同发展、在求同存异中合作共赢。我们要顺应历史大势，致力于稳定国际秩序，弘扬全人类共同价值，推动构建人类命运共同体。要坚持对话而不对抗、包容而不排他，反对一切形式的单边主义、保护主义，反对一切形式的霸权主义和强权政治。

总之，在经济全球化的大趋势下，唯有求同存异，才能加强各国合作，走好共赢发展之路；唯有求同存异，才能构建好人类命运共同体；唯有求同存异，才能扎实推进人类社会进步。

厚德载物

成语出处

《周易·坤》："地势坤，君子以厚德载物。"

成语释义

厚德：大德。载：容载。物：万物。意为地的气势柔顺，君子取法于地，以宽厚之德容载天下之人和物。后多用来指以宽厚之德包容万物或以德育人。

成语典故

厚德载物的思想源于《易经》的坤卦，坤卦辞为"地势坤，君子以厚德载物"。这句话的意思是，大地气势宽厚和顺，君子应增厚美德，容载万物。这里强调的是君子品德应该像大地一样厚实，能够承载和包容万物。

哲学解读 厚德载物是古人在天与地的对应和辩证关系中进一步道出人生哲理，以天地分别代表两种品质与品德，即君子应像天一样刚健不屈、奋发向上，也应像大地一样顺随形势、增厚美德，以宽厚的胸怀包容万物。厚德载物的思想认为人应该通过实践来提升自己的品德和行为，同时也应该顺应历史潮流，积极贡献自己的力量，这正体现了中华民族具有崇高的道德意识，是一种正确的价值观，体现了中华文明的包容性。价值观具有导向作用，正确的价值观可以促进事物的发展，我国秉持着厚德载物的宽厚胸怀在国际舞台上发挥着越来越重要的作用。

❶ 厚德载物体现了中华民族的精神内涵

厚德载物意味着人们应当具有深厚的德行，如同大地一样承载和滋养万物，它强调人与人之间应当和谐、宽容和仁爱，这也是中华民族一直以来的价值观，更是长久以来的精神内涵。

厚德载物的精神强调人们应接纳不同的人和事物，不论是何种族、信仰、文化，都应得到尊重和平等对待。这种包容的精神是中华民族所一直秉持的，也是我们民族长久以来得以团结、和谐共处的重要基石。厚德载物还强调对他人的关爱和帮助，体现了中华民族的仁爱精神。在面对困难和挑战时，我们应坚信厚德载物，坚韧不拔、奋发向上，不断努力前行。厚德载物的理念体现了中华民族的精神内涵，我们应秉持这种精神，踔厉奋发、勇毅前行，为更好地构建社会主义和谐社会，为实现中华民族伟大复兴而不懈努力。

❷ 厚德载物体现了中国的大国担当

厚德载物是中国传统文化中一个重要理念，它强调了道德的力量和责任的重要性。在当今全球化的时代背景下，中国作为一个大国，正以实际行动诠释着厚德载物的精神，展现出了大国的担当。中国一直致力于推动全球的可持续发展。中国在国际舞台上积极倡导绿色发展，推动应对气候变化的合作，并在国内大力推进生态文明建设。中国在减少碳排放、推广清洁能源、保护生态环境等方面取得了显著成就，为全球环境保护作出了重要贡献。

中国还积极参与国际维和行动，为维护世界和平与安全发挥了重要作用。中国派遣维和部队、提供人道主义援助，为冲突地区带来了和平与稳定。中国倡导通过对话和协商解决国际争端，推动构建人类命运共同体，体现了中国作为大国的责任与担当。中国在经济领域也展现了大国担当。中国坚持开放包容的发展理念，推动"一带一路"倡议，促进了国际经济合作与互联互通。中国积极参与全球贸易体系，推动多边贸易体制的改革与完善，为世界经济的稳定与增长作出了重要贡献。

❸ 厚德载物体现了中国共产党的天下情怀

中国共产党始终秉持着为人民谋幸福、为民族谋复兴、为世界谋大同的使命。厚德载物的理念与中国共产党的天下情怀相契合，体现了党对人民的深厚情感和对世界和平与发展的担当。党的二十大报告中明确指出了构建人类命运共同体的一系列新理念新思想新战略，为构建更加美好的世界提供了正确的理念指引；提出了全球发展倡议、全球安全倡议，愿同国际社会一道努力找到了共建美好世界的最大公约数；提出了推动建设一个持久和平、普遍安全、共同繁荣、开放包容、清洁美丽的世界，成为指引共建美好世界的光辉灯塔。

当今世界面临百年未有之大变局，世界各国都应有一个开放包容的心态，促进国际世界和平发展。在中国共产党的领导下，我国把握历史发展规律，顺应历史发展趋势，始终以和平发展的姿态对待国际事务。在中国共产党的领导下，我国坚持合作、不搞对抗，坚持开放、不搞封闭，坚持互利共赢、不搞零和博弈，坚决反对一切形式的霸权主义和强权政治，坚决反对一切形式的单边主义和保护主义，提出"应该大力弘扬和平、发展、公平、正义、民主、自由的全人类共同价值，共同为建设一个更加美好的世界提供正确理念指引""应该携手推动构建人类命运共同体，共同推动经济社会发展更好造福人民""应该加强合作，共同应对人类面临的各种挑战和全球性问题""应该坚决维护联合国权威和地位，共同践行真正的多边主义"的重要论断，引发国际社会强烈共鸣。国际社会广泛称赞中国向世界发出了积极的倡导，中国理念深刻阐释了联合国的宗旨原则。厚德载物的优秀思想始终贯穿于我国在处理国际事务中的行为，在中国共产党的领导下，中华民族以开放包容的心态在国际舞台上大展风采，充分彰显了我们党为人类谋进步、为世界谋大同的天下情怀。

宽宏大量

成语出处

元代无名氏《渔樵记》:"我则道相公不知打我多少,元来那相公宽洪大量。"

成语释义

宽宏:宽阔,指度量大。量:度量。形容人心胸宽阔,度量大,能容人。

成语典故

罗可,宋朝学者,性情宽宏大度,官职被罢免后绝意仕途。乡人都以师礼对待他。一次,有人到他家菜园中偷菜,被他发觉。他蹑手蹑脚地潜伏在草丛间,直到偷菜的人走后他才出来。又有一次,有人偷杀了他家的鸡。他提了一壶酒,到偷鸡的人家中。偷鸡的人深感惭愧。罗可拉着他的手说:"有幸与你同乡,却不能烹鸡备酒招待你,我实在感到惭愧。"于是,与偷鸡人同饮,尽醉而归,而且从不将此事告诉他人。从此,再也没人来偷他家的东西了。

哲学解读 **宽宏大量**形容人的度量大、能容人。宽宏大量是中华民族的传统美德,在实践中,具备宽大为怀的品质,能更好地团结和凝聚力量,共同应对挑战和解决问题。宽大为怀也意味着宽容和包容,尊重他人的权利和观点,不将自己的意志强加于人。宽宏大量蕴含的包容开放价值观是马克思主义基本原理同中华优秀传统文化相结合的体现。价值观具有导向作用,正确的价值观可以促进事物的发展。

❶ 宽宏大量有助于建立和谐的人际关系

宽宏大量强调一个人在与他人相处和处理事务时心胸宽广、宽容大度，能够容纳不同的意见和观点，并以平和的态度对待他人的言行，其重要性在于，它能够促进良好的人际关系和团队合作。当一个人能够宽容地接受他人的不同意见和观点时，他会更容易与他人建立良好的沟通和合作关系；他能够倾听他人的意见，并能够理解和尊重他人的观点，从而能够更好地与他人合作，共同达成目标。

此外，宽宏大量还能够增强个人的心理素质和情绪管理能力。当遇到与自己意见不合的人或事情时，一个宽容的人能够保持冷静和理智，不会因为他人的言行而产生消极情绪。他能够以平和的态度对待他人，不会轻易发生争吵或冲突，从而能够更好地解决问题和处理事务，通过寻求共同点来加深对方的观点的理解，从而更好地与他人沟通和合作。因此，宽宏大量实际上是人的道德修养达到较高水平的一种体现，因而被誉为中华民族待人处世的一种美德。

❷ 宽宏大量有助于促进国家和民族间的友好交流

在中华民族发展的历程中，汉族人民与少数民族人民平等、团结，朝着共同繁荣的目标发展。在少数民族和汉族的灿烂文化中，二者彼此交流碰撞，互相汲取对方有利的文化成果，取长补短，相得益彰，做到文化的深度交流与发展。对于中国和世界来说，宽宏大量这一观念所体现的包容性是中华优秀传统文化的一大特色，历史上儒家将"宽容"作为"仁"的重要内容，强调"君子尊贤而容众，嘉善而矜不能"。正是因为中国传统文化所具有的博大的包容性，才使其成为世界四大文化体系中唯一没有中断的文化体系。

在漫漫历史长河中，人们的认识和实践都受到时代的限制，因此，需要我们在实践中不断总结历史经验和教训，以开放包容的心态，传承中华优秀传统文化，进而推动社会的进步和发展。

❸ 宽宏大量有助于凝聚干事创业的向心伟力

宽宏大量意味着能够以宽容和包容的心态对待他人，不计较小节，不过于苛求。这种品质在团队合作和干事创业中具有重要意义。宽宏大量可以营造一个积极向上的工作氛围。当人们感受到宽容和包容时，他们会更加愿意发挥自己的才能，积极投入工作。相互之间的理解和支持能够增强团队的凝聚力，激发创新和创造力。

历史证明，宽宏大量可以激发出干事创业的雄心伟力。经过百余年的艰苦奋斗，我们党团结带领全国各族人民，把贫穷落后的旧中国变成了日益繁荣富强的新中国。展望未来，中国特色社会主义事业的发展自然需要全体中华儿女万众一心，把各民族各阶层的人民团结在一起，在党的坚强领导下发挥各自优势，施展聪明才智。因此，只有广开进贤之路，广纳天下英才，进一步营造宽容、平等、自由、民主的氛围，中国特色社会主义才能建设得更加美好。

兼收并蓄

成语出处

唐代韩愈《进学解》:"玉札丹砂,赤箭青芝,牛溲马勃,败鼓之皮,俱收并蓄,待用无遗者,医师之良也。"

成语释义

兼、并:一并。收:收罗。蓄:储存。指把不同的人或事物都收容包罗进来。

成语典故

这个成语出自于韩愈的《进学解》。韩愈任国子监祭酒时,有的学生说:"学了有什么用?学得再好,学问再多,朝廷不用你,也是枉然。"韩愈就打了个比方:"什么样的医生才是好医生呢?像玉札、丹砂、赤箭、青芝这些高贵的药材,要储藏起来以备需要时用;像牛溲、马勃、破鼓皮这些低贱的药物,也不要轻视而丢弃。不论高级的还是低级的药材,都要统统收藏起来。我们做学问待时而用,万一用不上,就像孟子、荀子两位大儒一生没有做什么大官,难道他们的满腹经纶就是没有用的了吗?"

哲学解读 **兼收并蓄**意为把各种内容的东西,即甚至内容不同、性质相反的东西,都统统吸收进来。兼收并蓄是一种智慧,也是一种胸怀,只有将更多的内容、问题收集起来,才有利于更好地分清主流和次流,便于个人更好地发展。这与马克思主义哲学中主要矛盾与次要矛盾的辩证关系原理相契合。主要矛盾对个人或事物的发展起决定作用,处于支配地位,但同时我们也要兼顾次要矛盾,坚持两点论与重点论的统一。将所有矛盾集中在一起,充分体现了兼收并蓄中蕴含的包容思想,展现出中华文化强大的包容性。

现实
意义

❶ 兼收并蓄有利于个人成长与发展

对待不同意见，做到兼收并蓄，开放胸怀是一种非常重要的品质。在现代社会中，每个人都有自己的观点和看法，自然会出现不同意见。如何处理这些不同意见，不仅关系到个人的成长和发展，也关系到团队的合作和社会的进步。

兼收并蓄意味着人们要能够容纳和接受不同的观点，不因为自己的喜好或偏见而排斥他人的意见。一个兼收并蓄的人不仅能够理性地分析各种观点，还能够从中汲取有益的成分，不断丰富自己的思想和见识。这种品质有助于人们更好地理解世界，提高自己的判断力和决策能力。同时，开放胸怀也是非常重要的。一个开放胸怀的人愿意倾听他人的意见和建议，并给予积极的回应。他们不会轻易否定他人的观点，而是尊重他人的权利以及观点的多样性。这种态度有助于建立良好的人际关系，促进团队的协作和共赢。

总之，兼收并蓄和开放胸怀是一种积极向上的态度和价值观。在处理不同意见时，我们应该保持开放的心态，理性分析各种观点，从中汲取有益的成分，不断提高自己的认知水平和综合素质。同时，我们也要尊重他人的观点，建立良好的沟通机制，促进团队的协作和共赢。只有这样，我们才能更好地适应现代社会的发展，为个人和社会的进步作出积极的贡献。

❷ 兼收并蓄有利于文化交流与融合

中华文化自古就有兼收并蓄的气度与胸怀，并且有着强大的转化、结合、为我所用的能力。在古代，中华民族敞开大门，扬弃吸收外域文化。如今，我们处于提升文化软实力的重要阶段，在面对拥有五千多年底蕴的中华文化时，我们仍要保持兼收并蓄的包容胸怀，加强对中华优秀传统文化的学习、挖掘与发展，使中华优秀传统文化得到创造性转化、创新性发展，与现代社会相协调。同时，我们要善于将中华优秀传统文化与现代文化结合起来，在继承中发展，在发展中继承。守正创新才能历久弥新，我们要古为今用、推陈出新，取其精华、去其糟粕，实现中华优秀传统文化创造性转化、创新性发展。

中华文明始终在兼收并蓄中历久弥新，不仅为中华民族提供了丰厚的滋养，而且为世界文明贡献了华彩篇章。明代方孝孺《复郑好义书》："所贵乎君子者，以能兼容并蓄。"君子最可贵的就是能够把不同的内容、不同性质的东西都进行汲取，不断吸收他人长处来提升自己。中华民族自古就有"三人行，必有我师"的传统，在中华大地上，存在着不同的民族、不同的宗教、不同的语言，中华文明史中坚持兼收并蓄、博采众长，形成了独一无二的中华优秀传统文化。兼收并蓄并不会让我们失去自我，反而我们会用自己的价值观来判断和取舍，在和而不同中以求同存异为手段进行不断的融合。

❸ 兼收并蓄有利于世界进步与繁荣

兼收并蓄可以促进不同文化之间的交流与融合。通过吸收和借鉴其他文化的元素，我们可以丰富自己的文化内涵，增进对不同文化的理解和尊重，从而促进世界文化的多元发展。在开放的中国，我们始终愿意与世界各国合作共赢，在世界各国相处过程中形成相互尊重、和而不同、和谐发展的格局，中国倡导平等互鉴，我们尊重不同国家探索不同的发展道路，通过文明互鉴弘扬全人类共同价值，推动构建人类命运共同体。中华文明具有突出的包容性，从根本上决定了中华文化对世界文明兼收并蓄的开放胸怀。历史充分证明，只要坚持兼容并蓄、开放包容，人类文明就能不断发展繁荣，同时也只有继续保持这种兼收并蓄的开放胸怀，我们才能在面对外来文化时不忘本来、吸收外来、面向未来。追逐时代发展的潮流，不断创造中华文化新辉煌，不断推动中国式现代化发展，使中华优秀传统文化创造性转化、创新性发展，怀有广阔开放胸怀的中国必将续写中华文化的新辉煌，推动建设更加美好的世界。

虚怀若谷

成语出处

老子《道德经》第十五章："旷兮其若谷，混兮其若浊。"

成语释义

虚怀：虚心。谷：山谷。指胸怀像山谷一样深广。形容十分谦虚，能接纳不同的意见。

成语典故

阳子居有一日西去徐州，恰巧碰到老子西去秦国。郊外相逢，阳子居自以为有学问，态度傲慢，老子便为阳子居深感惋惜，当面批评阳子居："以前我还认为你是个可以成大器的人，现在看来不可教诲啦。"

阳子居听了老子的话，心里很不舒服，后悔自己为什么当时那样。回到旅店后，阳子居觉得自己应当做得自然一些，起码要敬重长者，敬重有道德学问的老子，便主动给老子拿梳洗的工具，脱下鞋子放在门外，然后膝行到老子面前，谦虚地说："学生刚才想请教老师，老师要行路没有空闲，因此不便说话。现在老师有空了，请您指教我的过失。"

老子说："你态度那么傲慢，表情那样庄严，一举一动又如此矜持造作，眼睛里什么都没有，谁会愿意和你相处呢！你应该懂得，最洁白的东西好像总有些污秽的感觉，德行最高尚的人总认为自己远不十全十美。知道自己不行，才会知道自己真正行的地方；眼睛里只看到自己不行，实际上哪个地方都不明白。"

阳子居先是吃惊，渐渐地脸上浮现惭愧的神色，谦虚地说："老师的教导使我明白了做人的真正道理。"从前阳子居在去徐州的路上，旅舍客人恭敬地迎送他。他住店时，男老板为他摆座位，女老板为他送手巾，大家也给他让座。虽然恭敬，彼此却都不舒服。接受老子的教诲后，阳子居变得态度随和、为人谦逊。归途住店，客人都随意地和他交谈，他也感到和大家相处得很亲切。

哲学解读　　**虚怀若谷**强调要保持一种谦虚、虚心的态度，不断学习和进步，注重自身修养和自我完善。只有通过不断学习和思考才能达到更高的境界。虚怀若谷是建立在尊重人、关爱人的基础上，在与国家和社会利益不矛盾的情况下，努力实现个人价值的观念。其所蕴含的包容开放价值观是马克思主义基本原理同中华优秀传统文化相结合的体现。

现实意义

❶ 虚怀若谷代表了一种谦虚宽容的心态

一个拥有虚怀若谷品质的人，会保持开放心态，愿意听取别人的观点和建议。他们不会轻易否定他人的看法，而是尊重并认真思考。同时，涵养虚怀若谷的价值观念也是民族复兴的重要条件，一味地坚持自己的观点只会使自己的视野越来越狭小，若一个民族执意一意孤行、故步自封，那么结局大概率是走向灭亡。值得骄傲的是，我们中华民族恰好是一个乐于学习、善于学习的民族。

老子说："上善若水。"水比石头软，却能击穿石头，人如果能虚怀若谷、戒骄戒躁，事业就能更上一层楼。全社会只有谦虚谨慎，增强忧患意识，才能获取不竭的前进动力。谦虚谨慎、戒骄戒躁，中华民族才能长盛不衰。也正是这种正确的价值观导向使中华民族的包容性是其他任何一个国家不能相比的。我国也十分愿意汲取借鉴其他国家治国理政的方针对策，并将其与我国的国情与社会主义核心价值观进行结合的同时扬弃发展，不断发展中国特色社会主义道路，实现中华民族伟大复兴。

❷ 虚怀若谷强调了人与人之间的和谐关系

虚怀若谷是一种珍贵的品质，它强调了人与人之间和谐关系的重要性。在一个充满多样性和差异性的社会中，虚怀若谷的态度能够促进相互理解、尊重和合作，为构建和谐的人际关系奠定基础。虚怀若谷意味着以开放的心态对待他人的观点和意见。当人们能够倾听并接受不同的声音时，就创造了一个包容的环境，让每个人都感到被尊重和重视。这样的交流氛围促进了思想的碰撞和创新，使人们能够从不同的角度看待问题，获得更全面的认知。虚怀若谷培养了宽容和理解。在遇到与自己观点相左的人时，不急于争辩或批判，而是试图理解他人的立场，就能够减少冲突和矛盾。通过换位思考，人们更容易建立共鸣，增进彼此的信任和友谊。虚怀若谷有助于解决人际冲突。在面对分歧和争议时，持有虚怀若谷的态度可以使人更加冷静和理智，能够以平和的心态与对方沟通，寻求共赢的解决方案，而不是固执己见导致关系的破裂。

当人们谦虚地认识到自己的不足，并愿意向他人学习时，就能够不断提升自己，成为更好的人。这种自我提升不仅有益于个人的发展，也为社会的进步作出了贡献。

❸ 虚怀若谷体现了人的内在修养和道德要求

虚怀若谷是一种体现人的内在修养和道德要求的重要品质。它不仅展示了一个人的谦逊和宽容，还反映了其内在的高度和智慧。虚怀若谷体现了自我认知和自我约束的能力。一个有内在修养的人明白自己的局限性和不足之处，不自负、不骄傲。他们能够客观地评估自己的能力和知识，并且愿意不断学习和成长。这种自我认知使他们保持谦逊，不断追求进步。虚怀若谷展示了对他人的尊重和理解。当人们以宽容的心态对待他人的观点和意见时，就是表达了对他人的尊重。这种尊重建立在平等和包容的基础上，促进了良好的人际关系和社会和谐。虚怀若谷还体现了道德的高尚和善良。一个有道德要求的人不仅关心自己的利益，还考虑他人的福祉。他们乐于助人，愿意与他人分享知识和经验，而不是自私保守。这种善良和慷慨的行为源自内心的修养和道德观念。

虚怀若谷有助于培养积极的人际关系。当人们以谦虚的态度与他人交往时，能够减少冲突和争吵，增加相互理解和合作的机会。这样的人际关系是建立在信任和尊重的基础上的，能够为个人和社会带来积极的影响。虚怀若谷也是一种智慧的表现。它意味着人们能够超越自我，从更广阔的视角看待问题。这种智慧使人们能够更好地应对挑战，作出明智的决策，并在生活中取得更大的成就。

宽以待人

成语出处

宋代孙应时《谢越帅王尚书希吕关升状》："居天下之望而宽以待人，位方伯之尊而急于下士。"

成语释义

宽：宽厚。指以宽厚的态度对待他人。

成语典故

宋朝人孙应时写了一篇文章感谢王希吕尚书，称赞他是一位名副其实的宗社名臣，能够为朝廷带来稳定和安全。王尚书的威望和地位让他在天下广受尊敬，而且他能够以宽阔的胸襟待人，能够容纳各种不同的人才。王尚书地位尊贵，却十分关心下属，能够为下属解决困难和问题。他的智慧和才能，使他能够清楚地了解事物的真相，并且作者希望能够在王尚书的领导下得到锻炼的机会。

哲学解读 **宽以待人**是一种尊重他人、不苛求他人的态度，在处理人际关系时，以宽容和包容的心态去理解和接纳他人的不同，每个人都有其独特的特点和价值，应该尊重和平等对待。宽以待人的思想符合马克思主义哲学中尊重人的主体性和自由选择，以及理解和关心他人的观点，宽以待人应该成为每个人的价值追求。

**现实
意义**

❶ 宽以待人是建立和谐社会关系的重要基石

海纳百川，有容乃大。自古以来，宽以待人的品德一直被社会所崇尚。宽以待人是个人道德修养的体现，也是中华民族的传统美德；"以责人之心责己，则寡过；以恕己之心恕人，则全交"，当其他人做错事，我们也能像对待自己一样再给他人一次机会，理解别人或许是无心之失，那么就可以结交更多的朋友。拥有海纳百川的胸襟，以宽容的心来面对朋友，心胸宽阔，得饶人处且饶人，做到宽以待人，这在现代社会极具教育意义，也是构建社会主义和谐社会的必要条件，同时也是个人素质的体现。宽以待人不仅是一种道德准则，也是一种智慧能力的体现。一个宽以待人的人不仅能够更好地处理人际关系，还能更好地面对生活中的各种挑战和困难。

总之，宽以待人是个人素质的体现，也是建立良好社会关系的基础，体现了中华民族"五个突出特性"中的包容性。只有以宽容、包容和理解的态度对待他人，才能更好地实现个人价值，为社会的和谐稳定和发展作出贡献。

❷ 宽以待人是中国共产党人一以贯之的优良传统

宽以待人是中国共产党人的重要品质和传统，它体现了党的高尚情操和为人民服务的宗旨。中国共产党始终坚持以人民为中心，全心全意为人民服务。宽以待人的品质使党的干部能够更好地与人民群众沟通和交流，了解他们的需求和困难，切实解决问题。在工作中，党的干部尊重群众的意见和建议，虚心接受批评，不断改进工作，以更好地满足人民的期望。宽以待人也体现了党的团结和合作精神。党的成员之间相互尊重、相互支持，以实现共同的目标。在党内，不同观点和意见得到尊重和包容，通过广泛的讨论和协商，达成共识，推动党的事业不断前进。同时，宽以待人也是党的自我修养和进步的体现。党的干部不断反思自己的言行，勇于纠正错误，不断提高自身素质和能力。这种自我要求和自我完善的精神，使党能够更好地适应时代发展的要求，更好地领导国家和人民。

在社会治理中，中国共产党倡导公平正义，关注弱势群体的利益，努力营造和谐稳定的社会环境。宽以待人的理念使党能够更好地协调各种社会关系，化解矛盾，促进社会的和谐发展。宽以待人的传统也在国际交往中得到体现。中国共产党主张和平共处、互利共赢的国际关系，尊重各国的主权和发展道路，推动构建人类命运共同体。

❸ 宽以待人是构建新型国际关系的重要原则

宽以待人是构建新型国际关系的重要原则，它对于促进国际和平、稳定与合作具有至关重要的意义。在全球化的时代，各国相互依存程度日益加深。宽以待人的原则有助于建立相互信任和尊重的国际关系。通过摒弃偏见和歧视，我们能够以平等的态度对待其他国家，尊重其主权和独立，促进国际关系的民主化和多极化。宽以待人还体现了包容和理解的精神。不同国家有着不同的历史、文化和社会制度，我们应该以宽容的心态对待这些差异，推动文化交流和文明互鉴。这样可以增进各国之间的相互了解，减少误解和冲突的发生。此外，宽以待人有助于解决国际争端和矛盾。当面临分歧时，我们应该采取对话和协商的方式，以和平、合作的态度寻求共赢的解决方案。通过互相包容和妥协，能够建立更加稳定和可持续的国际秩序。宽以待人符合人类共同的利益和价值观。构建新型国际关系不仅仅是国家之间的利益交换，更是为了实现全人类的和平与发展。这一原则体现了人类的友善和互助精神，有助于构建一个更加和谐、平等的世界。

安居乐业

国泰民安

政通人和

四海一家

海晏河清

讲信修睦

突出的

和平性

天下太平

太平盛世

和平共处

亲仁善邻

海不扬波

民胞物与

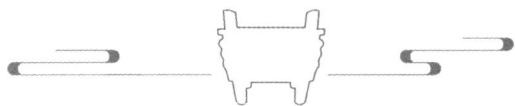

文化是人类文明进步的思想沃土和意识形态工具，是国家奋斗历程的历史印记和民族性格特点的真实写照。

中华民族拥有五千多年生生不息的"和合"文化思想，成为历代进步政治家们的执政理念和广大人民群众的主流价值追求。这种和睦向善的文化理念经过千百年的积淀，最终成为中华优秀传统文化的核心元素，形成了突出的和平性特征。

中华优秀传统文化突出的和平性与中华成语同根同源，都是中华民族在长期的生产劳动和社会实践中，经过了去粗取精，反复提炼的漫长历史进程。在"天下太平""政通人和""讲信修睦""海晏河清"等一大批脍炙人口的成语典故中，既包含着中华民族自古以来对和平的渴望和向往、热爱和珍惜，又体现着中国人民缔造和平的使命和责任、捍卫和平的执着和智慧。

文化在国家治理和对外交流中发挥着潜移默化、润物无声的巨大作用。作为中华优秀传统文化的杰出代表，中华成语文化因其特有的"以事喻理的思政性""家喻户晓的传播性"等特点，在"第二个结合"中更能够以其特有的功能和方式将马克思主义基本原理、习近平新时代中国特色社会主义思想以及其中所蕴含的基本立场、观点、方法等送入"寻常百姓家"，在"举旗帜、聚民心、育新人、兴文化、展形象"等方面发挥着独特而重大作用。

党的二十大报告指出，中国式现代化是走和平发展道路的现代化。新时代新征程，中华成语文化在"第二个结合"中，一定能够高举和平、发展、合作、共赢旗帜，在坚定维护世界和平与发展中谋求自身发展，又以自身发展更好维护世界和平与发展，必将为人类共同发展开辟更加广阔的前景。

安居乐业

成语出处

老子《道德经》第八十章："民各甘其食，美其服，安其俗，乐其业，至老死不相往来。"

成语释义

居：居住，引申为生活。业：职业。安定地生活，愉快地工作。

成语典故

春秋时期，天下各国征战不断，为躲避战乱，很多百姓背井离乡，流离失所。老子对当时的现实不满，所以渴望出现"小国寡民"的理想社会：

百姓所拥有的田地能产出够他们享用的粮食和蔬菜，因此都可以丰衣足食；他们都拥有房屋能安居，不会流离失所；他们还拥有自己喜欢的事业和工作，因此都感到充实和快乐。人们都享用美食，穿着舒适的衣服，住着宽敞的房子，在各自小小的国家里自得其乐。既不必使用铠甲和兵器，不必动用战车、战船和军队，没有和强国血拼的战乱，又没有吞并攻打弱国的贪心和野心；邻国百姓之间，互相能听见鸡鸣狗叫的声音，隔着国界能和睦相处，直到老死都不会因纷争和战乱而踏入邻国的国土。

后世据此典故引申出成语"安居乐业"。意思是渴望一种所有人都能够安定生活、愉快工作的美好社会。

| 哲学解读 |

安居乐业表达了一种理想的生活状态，意味着人们居住在安全、稳定的环境中，拥有足够的生活资源，并能够享受工作带来的乐趣和满足感，这种状态反映了人们对和谐、平衡和满足的基本追求。

安居乐业是马克思主义世界和平观的生动体现。马克思主义强调人的全面发展和社会和谐，中国共产党始终坚持马克思主义价值观，时刻以人民为中心，人民至上，保障人民安居乐业。

安居乐业的核心理念是追求和谐、公平、共生与互助的价值观，为社会的稳定、繁荣和发展提供了重要的思想支撑。

现实意义

❶ 安居乐业是中华民族几千年来的美好愿望

安居乐业、生活幸福是中华民族几千年来的美好愿望。无论是老子描绘的人民"甘其食，美其服，安其居，乐其俗"的"小国寡民"的理想社会，还是孟子力图实现的让人民有"恒产"的社会目标，或者是陶渊明在《桃花源记》中梦想着人民过着"怡然自乐"的世外生活，再或者是近代康有为变革社会而写下的《大同书》，还包括孙中山倡导的以"平均地权"和"节制资本"为主要内容的"民生主义"，都是勤劳、善良、智慧的中国人民对过上安居乐业生活的向往和期盼。

安居乐业也是近代以来包括中国共产党人在内的先进分子的不懈追求和奋斗目标。人民向往的美好生活无非就是能够安居乐业。中华民族伟大复兴中国梦，也是人民安居乐业、生活幸福的梦。安居乐业是人民的美好追求，也是广大人民的奋斗梦想，更是中华民族优秀文化的赓续传承。

❷ 安居乐业是近代中国人民的百年期待

安居乐业是近代中国人民的百年期待，也是中国社会发展的长期目标。安居乐业承载着中国人民最朴素的追求和愿望，也是实现中华民族伟大复兴中国梦的关键一步。

回顾中华文明发展史，丰衣足食、安居乐业一直是中国人民最朴素、最强烈的追求和美好愿望。1840 年鸦片战争爆发，中国逐渐沦为半殖民地半封建社会。随着清政府的愈加腐败和帝国主义国家的肆意入侵，中国无数的有识之士进行了一系列自救运动，从洋务运动、戊戌变法到辛亥革命等，但都未能从根本上拯救中华民族的危亡，并没有给广大人民群众带来安居乐业的生活。中国人民饱受封建主义、帝国主义和官僚资本主义的压迫，历经了百余年的屈辱历史和数十年的战争动乱，民不聊生，中国人民处在水深火热之中。

1921 年中国共产党成立后，领导中国人民最终推翻了压在人民头上的三座大山，取得新民主主义革命的胜利。新中国的成立为中国人民实现安居乐业奠定了根本政治前提。改革开放后，我国经济迅速发展，人民生活水平不断提高，安居乐业的生活逐步实现。进入新时代，我国人民安居乐业的生活有了更加稳固的保障，近代中国人民的百年期待终于变成了现实。

❸ 安居乐业是中国共产党人的不懈追求

中国共产党自成立以来，始终把"为中国人民谋幸福，为中华民族谋复兴"作为自己的初心和使命。始终坚持人民对美好生活的向往就是党的奋斗目标。在过去的几十年里，中国经历了快速的发展和变化，人民生活水平得到了极大的提高。中华民族迎来了从站起来、富起来到强起来的伟大飞跃。

党的十八大以来，以习近平同志为核心的党中央紧紧抓住人民最关心、最直接、最现实的利益问题，采取各项惠民生、暖民心的举措，在"幼有所育、学有所教、劳有所得、病有所医、老有所养、住有所居、弱有所扶"的民生保障和改善上持续发力，不仅打赢了人类历史上规模最大的脱贫攻坚战，历史性地解决了绝对贫困问题，全面建成了小康社会，还建成了世界上规模最大的教育体系、医疗卫生体系，推动城乡义务教育一体化发展，实施健康中国战略，强化医疗服务水平，着力解决看病难、看病贵等问题，真正实现了安居乐业。

坚持以人民为中心，是中国共产党的根本政治立场，中国共产党领导人民打江山、守江山，守的是人民的心。治国有常，利民为本。为民造福是立党为公、执政为民的本质要求。中国共产党始终坚持在发展中保障和改善民生，鼓励共同奋斗创造美好生活，不断实现人民对美好生活的向往。

国泰民安

成语出处

宋代吴自牧《梦梁录·山川神》："每岁海潮大溢，冲激州城，春秋醮祭，诏命学士院撰青词，以祈国泰民安。"

成语释义

泰：平安，安定。本义指国家太平、人民安乐。形容社会安定，人民生活幸福。

成语典故

吴自牧，钱塘人，宋朝灭亡后曾经回忆并记载钱塘盛况，介绍南宋都城临安城市风貌，并编写了二十卷内容的《梦梁录》。"国泰民安"出自吴自牧《梦梁录·山川神》，该章节详细介绍了临安城大小庙宇。在描写忠清庙（也就是伍子胥庙）时有这样的记录：每年海潮大涨、冲击临安城时，皇帝便会设坛祈祷，并让大学士们撰写符篆（符篆：写给上天的文字），祈求上天保佑国泰民安。"国泰民安"一词逐渐流传开来，并成为历朝历代老百姓向往的生活、无数仁人志士奋斗的目标。

哲学解读 **国泰民安**理念强调人民的安居乐业对国家的繁荣稳定具有积极的促进作用。人民的幸福感和满意度是国家繁荣稳定的重要体现，只有当人民安居乐业、生活富裕时，国家才能真正实现繁荣和稳定。

国泰民安体现了马克思主义的联系观。马克思主义联系观强调了事物之间的相互影响、作用和相互制约的关系。国泰民安理念认为国家的繁荣稳定是人民安居乐业的前提。一个强大而稳定的国家能够为人民提供安全、公正、有序的社会环境，保障人民的基本权益和利益。在这样的国家中，人民可以安心地从事生产活动、追求个人发展，从而实现社会的繁荣与进步。

現实
意义

❶ 国泰民安是中华民族的孜孜追求

社会安定是人民平安的前提，国家强大是人民安康的保障。崇尚和平、向往安宁是自古以来中华民族的孜孜追求。国泰民安既是中华民族历代进步思想家的治国理念，又是历代进步政治家的执政追求。它深刻揭示出国家与人民的辩证关系，反映了"水能载舟，亦能覆舟"和"民为邦本，本固邦宁"的民本思想。无数仁人志士胸怀天下、舍家卫国，以国为家、精忠报国，舍生取义、保家卫国，成为中华民族朴素的爱国主义宝贵精神财富。

中国古代追求国泰民安、富民强国的经典案例比比皆是、屡见不鲜。春秋战国时期秦国通过商鞅变法，创立了适应当时经济社会发展的新制度，推动了秦国社会进步，促进了经济发展。正是由于商鞅变法成功解决了当时社会突出存在的问题，不仅使秦国社会安定、人民安宁、国力强盛，也吸引了当时山东六国许多民众纷纷投奔秦国，成为最终秦灭六国、建立大一统的中华民族的重要力量。

国泰民安蕴含的民本思想与马克思主义的以人民为中心思想是高度契合的。这是马克思主义能够在中国落地生根、开花结果最重要的文化基因，也是1921年中国共产党成立以来无数共产党人以马克思主义理论为根本指导思想，以朴素强烈的爱国主义为精神给养，舍生忘死、前赴后继、矢志报国、视死如归最直接的动力源泉，是马克思主义与中华优秀传统文化相结合的生动体现，也是新时代全面建设社会主义现代化国家最重要的精神保障。

❷ 国泰民安是党带领人民矢志不渝的奋斗目标

马克思主义认为，人民是国家的主体，也是国家的主人。人民群众是国家大厦的建设者、社会财富的创造者、文明成果的享有者。历史是人民群众创造的，民心是最大的政治。中国共产党来自人民，党的根基和血脉在人民，永远为人民而生、因人民而兴，始终同人民在一起、为人民利益而奋斗，是我们党立党兴党强党的根本出发点和落脚点，人民对美好生活的向往永远是党的奋斗目标。

中国共产党坚持以人民为中心的发展思想，不断保障和改善民生、增进人民福祉，走共同富裕道路，推动人的全面发展、全体人民共同富裕取得了更为明显的实质性进展。国泰民安是人民群众最基本、最普遍的愿望，也是党和政府治国理政的价值理念与不懈追求。

进入新时代，马克思主义基本原理与中国具体实际相结合、与中华优秀传统文化相结合后，以人民为中心的执政理念不仅拥有人类最先进的科学理论——马克思主义的武装，更有千百年朴素民本思想和政治智慧的滋养，人民真正成为国家主人的社会制度在中华大地更加根深叶茂、更加深入人心，中华民族国泰民安的美好愿望有了坚不可摧的制度保障。

❸ 中国共产党为世界提供了国泰民安的中国方案

党的二十大把全面建设社会主义现代化国家作为新时代中国共产党和全国各族人民的中心任务，把中国式现代化明确为中国共产党领导的社会主义现代化，是人口规模巨大的现代化、全体人民共同富裕的现代化、物质文明和精神文明相协调的现代化、人与自然和谐共生的现代化、走和平发展道路的现代化。这是中国共产党团结带领全国各族人民实现国泰民安美好愿望的现实路径选择。

面对世界百年未有之大变局，在世界局势不稳定、不确定因素明显增多的情况下，中国成为世界上为数不多的最安全、最稳定的国家之一。政治长期安定、社会长期稳定、经济长时期保持较高速度和较高质量增长、人民生活水平持续提升、民生福祉整体改善，中国共产党以实际行动给世界各国提供了国泰民安的中国方案。

政通人和

宋代范仲淹《岳阳楼记》："越明年，政通人和，百废具兴。"

成语释义

政治开明顺利，百姓安乐和睦。形容国家稳定，人民安乐。

成语典故

北宋庆历六年（1046），社会内忧外患，阶级矛盾日益突出，外部面临着契丹和西夏的威胁。为了巩固政权和改善社会现状，以范仲淹为首的政治集团开始进行改革，后人称为"庆历新政"。然而，这项改革遭到封建地主阶级保守派的强烈反对，同时皇帝改革的决心也产生动摇。最终，"庆历新政"以失败告终。范仲淹被贬到河南邓州。在他被贬的过程中，他的朋友、曾任岳州知州的滕宗谅（字子京）邀请他为即将重修的岳阳楼撰写一篇记文，名为《岳阳楼记》。范仲淹在创作《岳阳楼记》时，描述了巴陵郡在滕子京的治理下，政治和社会状况得到了极大的改善，从而引出了"政通人和"这一成语。

哲学解读 **政通人和**形容政治和社会状况安定有序，强调政治清明、社会和谐的重要性，展现了一种政治稳定、政策顺畅、人民和谐的理想社会状态。政通人和与马克思主义社会和谐观相契合。马克思主义认为，社会和谐是主体与客体之间的平衡关系，是一种更高的统一关系。实现社会和谐、建设美好社会、创造美好生活是社会主义的本质要求。"政通"指政治制度运作良好，政治生态清明有序，这包括良好的政策、法律和行政体系；"人和"则指社会和谐稳定，人与人之间互相尊重、和睦相处，社会各种矛盾和问题得到妥善解决，从而推动了社会的和谐发展。

**现实
意义**

❶ 政通人和展现了中国共产党良好的政治生态

政通人和是中国共产党良好政治生态的生动展现。政治生态既是党风、政风、社会风气的综合体现，也是党员干部党性、觉悟、作风的综合体现。党的十八大以来，中国共产党坚持以上率下，坚定推进全面从严治党，坚持思想建党和制度治党紧密结合，集中整饬党风，严厉惩治腐败，着力净化党内政治生态，坚定推进全面从严治党，党内政治生态展现新气象，党心民心大振，各项事业发展取得了巨大成就。

政治生态影响党风、政风，事关党心、民心。政治生态好，人心就顺、正气就足；政治生态不好，就会人心涣散、弊病丛生。政治生态和自然生态一样，稍不注意就容易受到污染，一旦出现问题，再想恢复就要付出很大代价。政治生态是检验管党治党是否有力有效的重要标尺。中国的政通人和、安定有序，充分彰显了中国共产党的良好政治生态，中国的伟大复兴之路，充分体现了良好的政治生态的蓬勃生机。

❷ 政通人和彰显了中国特色社会主义的和谐美好

对于个人与社会，政通人和的理念为社会发展提供了一种健康而有效的途径，让人与社会之间彼此支持、彼此信任，共同实现美好愿景。在社会发展不平衡不充分的状态下，社会资源的不公平配置，容易让人灰心失望，甚至产生争执与矛盾。政通人和的思想有助于人们理解诚信、友爱、互助与包容的社会价值，有助于社会的和谐发展，有助于建立一个互助合作多赢的共同体。

社会和谐是中国特色社会主义的本质属性。政通人和彰显了中国特色社会主义的和谐美好，是国家富强、民族振兴、人民幸福的重要保证。对于国家和社会，政通人和的理念建立的基础是和平与稳定，关注社会的不同分子共同建立维护秩序的沟通机制。只有在政通人和的过程中，国家与社会之间、多元文化之间才能真正建立起良好的关系。只有在不断发展和提升这些关系的基础上，才能打造出一个繁荣强大、可持续发展的社会环境。

在新的历史方位下，实现社会和谐，满足人民日益增长的美好生活需要，必须坚持中国特色社会主义道路，坚持和完善中国特色社会主义制度，坚持以人民为中心的发展思想，贯彻新发展理念，推动高质量发展。

❸ 政通人和凸显了万方融合的文化品格

中国特色社会主义文化源自中华优秀传统文化，熔铸于革命文化和社会主义先进文化，植根于中国特色社会主义伟大实践。在新的历史方位下，实现社会和谐，满足人民日益增长的美好生活需要，需要推动中华优秀传统文化创造性转化、创新性发展，继承革命文化，发展社会主义先进文化，不忘本来、吸收外来、面向未来，更好地构筑中国精神、中国价值、中国力量，为人民提供精神指引。

政通人和的理念在提升文化素养方面发挥着重要而积极的作用。政通人和的思想体现了全面发展的理念和尊重多元文化、融合不同文明、促进文化文明共存的理念。它不仅提倡和弘扬和而不同的新理念，而且鼓励多元文化、文明融合，实际上可以促进社会的文化多样性，帮助人们建立起一种以共同利益为核心的共性文化理念。中华文明始终秉持"和羹之美，在于合异"的和合文化，善待外来文化，汲取有益成分，尊重彼此差异，讲求和谐共生。中华民族历来以和而不同为信条，以协和万邦为追求，以天下大同为志向，凝练出以和为贵、万方融合的品格，追求和平、和谐、和睦的世界，推动人类文明向前发展。

四海一家

成语出处

战国荀况《荀子·议兵》："四海之内若一家，通达之属莫不从服。"

成语释义

形容天下一统，四海之内如同一家。

成语典故

战国时期思想家、教育家荀子在《荀子·议兵》中说："四海之内若一家，通达之属莫不从服。"这句话表达了天下统一的美好愿景，即如果四海之内能够像一家人一样和睦相处，那么各个国家、各个民族都会归顺臣服。

"四海一家"的典故还可以与古代帝王的仁义之师相联系。传说，尧、舜、禹、汤、文王、武王等帝王，都是用仁义的军队来讨伐邪恶的势力，实现了天下的统一。这些帝王通过伸张仁爱正义，讨伐邪恶，使得近处的百姓亲附他们的善良，远方的国家仰慕他们的道义，从而实现了兵不血刃、远迩来服的局面。这种以德行为主要手段来统一天下的思想，正是"四海一家"成语所蕴含的核心意义。

哲学解读 　　**四海一家**意味着天下太平，大家都能够安居乐业、和平生活，是一种社会安定、秩序良好的和谐状态，蕴含了开放、和平、包容、兼容并蓄的核心价值理念。

四海一家的理念体现了对世界存在方式普遍性、整体性的关注，它将整个世界看作一个整体，超越地域、民族、国家的界限，追求全人类的和平共处。马克思主义联系观强调了事物之间的相互影响、作用和相互制约的关系。四海一家集中体现了中华优秀传统文化的历史基因，展示了中华民族处理国与国之间、民族与民族之间关系的博大胸怀和东方智慧，更是表明中国从来就是一个爱好和平、讲求睦邻友好的国家。

❶ 四海一家体现了以和为贵的价值追求

以和为贵、与人为善、互惠互利、平等合作等理念在中华民族几千年文化发展中代代相传，深深植根于中国人的精神血脉之中。在中华文明史上，和平、和睦、和谐是中华民族重要的基因谱系，是中华民族矢志不渝的崇高追求。

四海一家的理念蕴含"和气""和风"，集中体现着中国人特有的"和文化"。《中庸》有云："中者，天下之大本也；和者，天下之达道也。""和文化"是中华文明的精髓所在。"和"的核心精神，是相互承认、彼此尊重、和谐圆融。"和"的基础，在于和而不同、互相包容、求同存异、共生共长。"和"的途径，是以对话求理解，和睦相处；以共识求团结，和衷共济；以包容求和谐，共同发展。"和"的佳境，是各美其美、美人之美、美美与共、天下和美。作为人类共同的美好愿景，"和文化"的核心理念铸就了中华文明持久而强大的生命力，涵养着中国历史发展持久绵长的文脉，导引着中华民族始终行进在历史正确的一边，彰显出人类应有的道德取向、价值追求和前进方向，为世界文明进步提供了精神指引。

❷ 四海一家体现了命运与共的民族精神

四海一家体现了相互融合、命运与共的民族精神。四海一家强调天下为公，视天下人为一家，不分地域、民族、文化等差异，都应相互尊重、理解和包容。四海一家的理念倡导不同地域、民族、文化之间的交流与合作，认为只有在相互融合、相互交流的过程中，才能实现共同发展与繁荣。这种相互融合、命运与共的精神鼓励人们勇于接纳外来事物，善于学习借鉴其他文化的优点和长处，从而不断提升自身的综合素质。

四海一家的理念强调对不同意见、不同思想的包容和理解，认为只有在尊重和包容的前提下，才能实现真正的交流与合作，真正实现相互融合、命运与共。这种包容的精神避免了狭隘的民族主义或文化优越论的偏见，从而让各种文化在交流中相互融合、共同发展。

四海一家的理念有助于促进不同地域、民族、文化之间的交流与合作，实现共同发展与繁荣。同时，也提醒我们要尊重和包容不同意见、不同思想，避免狭隘的偏见，以实现真正的交流与合作。

❸ 四海一家是人类命运共同体的思想来源

人类命运共同体，旨在追求本国利益时兼顾他国合理关切，在谋求本国发展中促进各国共同发展。人类只有一个地球，各国共处一个世界，因此必须倡导人类命运共同体意识。

四海一家的理念有助于促进人类命运共同体的构建。中国愿同一切爱好和平的国家和人民一道，弘扬和平、发展、公平、正义、民主、自由的全人类共同价值，坚持合作、不搞对抗，坚持开放、不搞封闭，坚持互利共赢、不搞零和博弈，反对霸权主义和强权政治，推动历史车轮向着光明的目标前进。

人类的命运具有根本的一致性，无论是从人类自身来说，还是从世界环境来说，在全球化时代，人类的共同利益都高度融合、趋同，联系日益紧密。

"共同体"体现了一个群体"和合共生"的状态，与马克思主义思想一脉相承，对人类"和合共生"的未来进行了方向性的指引。四海一家的理念就是倡导共同体意识，在此理念的指引下，人类命运共同体建设有了明确的方向指引。人类命运共同体强调全世界在国别、文化、地域、民族等差异化条件下的"和合与共",它超越国别、民族与地域,成为未来维护世界繁荣稳定的最佳选择,这是对"和合共生"理念的创新性发展。

在中国共产党的坚强领导下,中国人民将与世界各国人民一道共建"和合共生、美美与共"的人类命运共同体,建设更加美好的世界,体现了中国共产党崇尚和平的价值选择。

海晏河清

成语出处

唐代薛逢《九日曲池游眺》："正当海晏河清日，便是修文偃武时。"

成语释义

河：黄河。晏：平静。本义指黄河水清，大海波平浪静。比喻国家太平，政治清明，人民安居乐业。

成语典故

唐代薛逢《九日曲池游眺》："陌上秋风动酒旗，江头丝竹竞相追。正当海晏河清日，便是修文偃武时。绣毂尽为行乐伴，艳歌皆属太平诗。微臣幸忝颂尧历，一望郊原惬所思。"小道上秋风吹动酒旗，江面上传来悠扬音乐之声，一派风平浪静的动人景象。国家安定，没有战祸；歌舞升平，人们享受着太平盛世。海晏河清在这里，是用河水清澈了、大海平静了比喻天下太平的盛世景象。

哲学解读 **海晏河清**常用来形容国家太平，政治清明，人民安居乐业。在海晏河清所描绘的太平景象中，可以看到自然界内部各种要素之间的和谐统一。海晏河清生动体现了马克思主义矛盾观。河流清澈、海面平静，这既是对立面的统一（即平静与清澈并存），也体现了矛盾双方的相互转化（即不良环境向优良环境转化）。

从历史唯物主义的角度看，海晏河清可以视为对社会发展的期望和追求，它表达了一种对理想社会状态的向往，社会矛盾得到妥善处理和解决，社会进入稳定和谐发展阶段。和谐在本义上就是指矛盾双方在一定条件下达到相对稳定的平衡状态。在这种状态下，人与自然、人与人之间实现了一种动态中的平衡、发展中的协调、多元中的一致。任何社会都存在矛盾，构建和谐社会就是一个不断化解矛盾，实现人与自然和谐共生、人与人和谐相处的过程。

现实意义

❶ 海晏河清体现了人民对于理想社会秩序的追求

海晏河清体现了人民对于理想社会秩序的追求，它描绘了一个和平、公正、和谐的社会景象，这样的景象是人们内心深处的向往。在理想的社会秩序中，每个人都能够享有平等的权利和机会，不受任何形式的压迫和剥削。政治清明意味着权力受到制约，法律得到公正执行，政府为人民服务。社会公正则是每个人都能在公平的环境中竞争和发展，不受任何不公和歧视。

海晏河清还表达了人民对于和谐生活的渴望。在这样的社会中，人与人之间相互尊重、理解和包容，社会充满友爱和温暖。这种理想的社会秩序并不是自然而然就能实现的，它需要人民的共同努力和集体智慧。通过民主参与、公正的法律和社会组织以及环保意识的普及等途径，可以逐步接近社会的理想状态，呼唤着和平、公正、和谐的社会，激励着人们为此努力奋斗。

❷ 海晏河清体现了中国共产党执政为民的情怀

"政之所兴在顺民心，政之所废在逆民心。""海晏河清、朗朗乾坤"与中华民族追求的天下太平、政治清明是一脉相承的，这是中国传统文化内涵的生动诠释，也是符合民意、国情的新时代表达。

人民是中国共产党执政的最大底气，也是中国共产党的力量源泉，"坚持人民至上"是中国共产党百年奋斗的历史经验之一。对人民地位的尊重、对人民利益的关切、对人民期待的担当，生动诠释了新时代中国共产党的人民情怀。

中国共产党根基在人民、血脉在人民、力量在人民。在革命、建设和改革过程中，党紧紧依靠人民创造历史伟业；在执政实践中，党注重保障人民当家作主的权利，将人民的评价作为判断工作得失的最高标准，表达了对人民主体地位的尊重之情。

自党的十八大以来，在中央八项规定精神的推动下，在全面从严治党的高压下，党风、政风、作风为之一振，营造了良好的政治生态，让广大人民群众精神上的获得感、幸福感进一步增强。"海晏河清、朗朗乾坤"彰显了纪律保障对于一个国家长远发展的巨大作用，也折射了中国共产党"立党为公、执政为民"的人民情怀。

新时期，要营造更清朗的政治风气，就要在党风廉政建设和反腐败斗争中落实"权为民所赋、权为民所用"的政治要求，以政治上的"清朗指数"换取群众的"幸福指数"。

③ 海晏河清体现了人与自然和谐共生的理念

海晏河清寓意着海水清澈、河水清清。它的原义指环境优美、生态完好，人们生活在一个干净、宜居的环境中。作为生态文明建设的重要指标之一，海晏河清已经成为现代化国家建设中的一个重要目标。

在经济发展的过程中，人类需要合理利用自然资源，同时也要保护生态环境。只有这样，才能够实现人与自然的和谐共生。自然是一个复杂的生态系统，它有其自身的规律和运行机制。人类应该尊重自然，避免过度干预和破坏自然的生态平衡。

在开发和利用自然资源时，应该采取可持续的方式，确保资源的长期稳定供应。自然环境是我们生存的基础，它为我们提供了食物、水源、空气等基本生活条件。因此，我们应该采取积极措施来保护自然环境，防止污染和生态破坏。这包括减少废弃物的排放、推广清洁能源、保护野生动植物等措施。

自然资源的有限性要求我们合理利用它们，实现可持续发展。我们应该采取科学的方法和技术手段，提高资源的利用效率，减少浪费和损失。同时，我们也应该探索新的资源利用方式，减少对自然环境的压力。

人与自然和谐相处是一个重要的理念，它要求我们尊重自然、保护自然、合理利用自然并回馈自然。只有在这样的基础上，我们才能够实现可持续发展，创造一个美好的未来。

讲信修睦

成语出处

《礼记·礼运》："大道之行也，天下为公。选贤与能，讲信修睦，故人不独亲其亲，不独子其子。"

成语释义

信：诚信不欺。修：建立。睦：和睦。讲究信用，建立睦邻友好的关系。

成语典故

《礼记·礼运》中的《大道之行也》记载：在大道施行的时候，天下就是人们共有的。人们能够把品德高尚的人、德才兼备的人选拔出来，人人都能够讲求诚信，培养和睦的气氛。因此人们不仅仅把自己的亲人当作亲人而赡养，也不仅仅抚育自己的子女，还使老年人都能够安享晚年，使青壮年人都能够为国家和社会效力而有养家糊口的职业，使年幼的孩子都可以健康成长，使老而无妻的人、老而无夫的人、幼而无父的人、老而无子的人、残疾人都能得到供养。男子有职务，女子有归宿。对于财货，人们憎恨把它扔在地上的现象，捡起来却一定不是要自己私藏。人们都愿意为公众之事竭尽全力，而一定不是为自己谋私利。因此奸邪之谋不会发生，盗窃、造反和害人的事情不再兴起，所以家家户户的大门都不用关闭，这就是理想社会。

哲学解读　　**讲信修睦**作为一种美好品德，属于马克思主义价值观的范畴，体现了马克思主义哲学中诚信、友善的价值观。价值观是人们关于价值本质的认识以及对人和事物的评价标准、评价原则和评价方法的观点体系。

价值观不同的人，行为取向也会不同，培养积极向上、和谐向善的价值观有利于社会进步。每个人都有自己的价值观，而对于民族和国家而言，承载着全社会共同认可的精神追求就是核心价值观。

人与人的交往、国家间的外交都要讲究诚实守信、和睦相处。讲信修睦充分彰显了中华文明突出的和平性，是一种正确看待自我与他者、本国与他国之间关系的思想观念和价值理想。

现实意义

❶ 讲信修睦是中华民族世代相传的道德圭臬

中华民族历来崇尚和谐诚信，中华优秀传统文化中，"讲信修睦""亲仁善邻""以和为贵""协和万邦"等思想蕴含着丰富的交往智慧和处世之道。

讲信修睦是中华文明的智慧结晶之一，是中华民族处理人与人之间、国与国之间关系的道德原则和价值理念，不仅是由来已久的历史文化传统，更是中华民族世代相传的道德圭臬，充分彰显了中华文明突出的和平性。几千年来，讲信修睦深深镌刻在中华优秀传统文化的血脉之中，既是构建友好和善人际关系的道德准则，又是维系社会和谐稳定、促进社会安定团结的文化纽带，更是促进国家富强的精神动力。

❷ 讲信修睦是中国人民坚定而执着的和平信念

在中国传统文化中，无论是人与人之间还是国与国之间，要调整相互间的关系，达到亲密和睦这一境界的关键就在于以"信"为优良美德和思想传统。从个体层面而言，"信"是人格修养的基础，是立身行道、为人处世必须坚守的道德底线。从社会层面而言，"信"是社会秩序的关键，是构建良好社会秩序和舆论生态、促进社会成员和睦相处的重要保障。从国家层面而言，"信"

是政权稳固的基石，是赢得人民衷心拥护、增强国家凝聚力和竞争力的重要前提。

热爱和平、珍惜和平、向往和平是中华民族的优良传统和美好向往，渴望和平、捍卫和平、宣扬和平是中国人民的传统美德和精神血脉。中华民族的数千年奋斗史，其实就是一部中国人民追求和平、锻造和平、捍卫和平的奋斗史，讲信修睦也因此成为千百年来中国人民坚定而执着的和平信念。

❸ 讲信修睦是国际交往应该普遍遵循的道德准则

在中华民族的传统理念中，讲信修睦不仅是中华民族的传统美德，也是国际交往中普遍遵循的道德准则。在现代国际关系中，讲信修睦的重要性愈发凸显。各国在追求自身利益的同时，必须尊重他国主权和利益，共同遵守国际法和国际规则，通过平等对话、友好协商、真诚合作、讲信修睦等方式解决分歧和争端，才能构建以和平、合作、共赢为核心的新型国际关系。

因此，中华民族的讲信修睦理念有利于维护国际和平稳定，促进世界繁荣发展，是构建人类命运共同体的必然要求。面对全球性挑战，如气候变化、恐怖主义、贫富差距等，各国需要携手合作、共同应对。只有坚持讲信修睦，才能有效凝聚国际社会的思想共识和同向力量，才能有效推动构建人类命运共同体，从而最终实现世界的和谐和平、人类的共同发展、社会的繁荣稳定。

天下太平

成语出处

《吕氏春秋·大乐》："天下太平，万物安宁。"

成语释义

本义指全国或世界局势稳定。形容社会安定、秩序良好。

成语典故

春秋时期，孔子有一次在家与弟子子张（即颛孙师）、子贡（即端木赐）、子游（即言偃）闲坐。子张问孔子如何从政。孔子回答："君子从政，不过是首先在礼乐方面精通，然后再付诸实施罢了。"子张似乎没有听懂孔子的意思，又接着发问，孔子于是继续说道："师，你以为只有铺设几筵，升堂下堂，献酒进馔，举杯酬醉，这样做了才算是礼吗？你以为只有在缀兆（古代乐舞中舞者的行列位置）上扭来扭去，挥动羽篓，敲钟击鼓，这样做了才算是乐吗？其实，说到就能做到，这就是礼，做起来又使人感到快乐，这就是乐。君子（指君王）只要在这两点上狠下功夫，不需要多么费劲，天下就会太平。于是诸侯都会前来朝拜，万物都能各得其所，百官也无不恪尽职守。礼得到了重视，这就是百姓得到治理的原因；礼被扔到了一边，这就是百姓要作乱的原因。举例来说，屋室有室内和台阶之分，座席有上下之分，乘车有左右之分，行路有先后之分，站立要各就其位。自古以来就是如此。如果屋室没有室内和台阶之分，堂与室就混乱了；如果席位没有上下之分，座位就混乱了；如果乘车没有左右之分，车上的位置就混乱了；如果行路不分先后，道路就混乱了；如果站立没有顺序，谁的位置在哪里也就混乱了。从前圣明的帝王和诸侯，分别贵贱、长幼、远近、男女、内外的界线，使他们不敢互相逾越，用的都是这个办法呀！"

三个弟子听了孔子的这一番高论，心中顿时都感到豁然开朗。

哲学解读　**天下太平**意味着社会的和平与安宁，没有战争、动荡和混乱，生动刻画出人与人之间的和谐共处，以及社会秩序和平稳定的美好愿景。天下太平体现了马克思主义社会基本矛盾理论。马克思主义哲学认为，生产力和生产关系、经济基础和上层建筑的矛盾是社会基本矛盾，社会基本矛盾是历史发展的根本动力。这种矛盾运动推动着社会不断向前发展。在天下太平的社会状态下，社会基本矛盾得到了有效的调解，生产力和生产关系、经济基础和上层建筑之间的协调与平衡得到了维护，从而推动了社会的稳定和进步。

现实意义

❶ 天下太平是中国人民的美好夙愿

自古以来，中国人民就把天下太平当作一种美好的夙愿和长久的期盼。有着五千多年历史的中华民族，把对和平、和睦、和谐的追求深深植根于中华民族的精神世界之中，深深融入中国人民的血脉之中。中国很早就提出了"国虽大，好战必亡"的箴言。"以和为贵""和而不同""化干戈为玉帛""国泰民安""睦邻友邦""天下太平""天下大同"等理念世代相传，这种持久的追求和热烈的期盼成为中华民族精神血脉的重要组成部分。

近代以来，中华民族遭受了前所未有的劫难，争取民族独立、人民解放、消除战争、实现和平，更成为中国人民最迫切、最强烈的愿望。这一段被侵略、被奴役的历史记忆，让我们更加深刻懂得和平的珍贵。

无数仁人志士为争取和实现国家与民族的和平安宁，抛头颅、洒热血，进行了不懈的奋斗和无畏的抗争，最终在中国共产党的坚强领导下，不仅推翻了压在中国人民头上的三座大山，实现了近代以来中国人民梦寐以求的和平生活，而且建立了巩固和捍卫这种和平生活的根本政治制度——中国特色社会主义制度，使中华民族和中国人民真正走上了独立自主、和平发展的光明大道。

❷ 天下太平的实现需要全社会共同努力

天下太平是一种理想的社会状态，这种理想状态的实现需要社会各界的共同合作、长期努力和不懈奋斗。天下太平的前提是社会的长期稳定。这需要政府和社会各界以及全体人民的共同参与、广泛参与、有效参与，需要各领域、各方面的有效协同和同向发力。

经济发展是实现天下太平的重要物质基础。只有经济发展了，人民的生活水平才能提高，社会才能更加繁荣稳定。

文化交流是促进天下太平的重要手段。通过文化交流，可以增进不同国家、不同地区、不同民族之间的了解和友谊，增强文化认同感，促进文化融合。

科技创新是实现天下太平的重要动力。科技创新可以提高生产效率，改善人民生活，推动社会进步，从而为推动天下太平提供重要支撑。

环境保护是实现天下太平的重要保障。只有保护好环境，才能保障人民的身体健康和生命安全，促进经济的可持续发展。

总之，只有全社会各界共同努力、不懈奋斗，才能最终实现天下太平的美好愿景。

❸ 天下太平是世界各国人民的共同诉求

和平稳定的国内国际环境是每个国家和世界人民共同的诉求，是全球各国人民都能够享受到和平福祉的坚实保障。

在百年未有之大变局下，实现中华民族伟大复兴既是中国梦，也是世界梦。中国始终坚持和平共处、共同发展的理念，推动共商、共建、共享，推进世界各国文明各美其美、美美与共。

中国梦是追求和平的梦，中华民族历来就是爱好和平的民族，天下太平、共享大同是中华民族绵延数千年的理想，中国的发展是世界和平力量的壮大，是传递友谊、促进和平的正能量。

总之，没有稳定与和平，国家兴旺、经济繁荣、人民福祉便无从谈起，只有世界各国共建共享、共谋发展，才能实现天下太平的美好夙愿。

太平盛世

成语出处

明代沈德符《万历野获编·章枫山封事》："余谓太平盛世,元夕张灯,不为过侈。"

成语释义

太平:社会安定。盛世:社会兴盛。用来指社会安定、政治清明、经济繁荣的时代。

成语典故

国家政治清明,人民安居乐业,官尽其职、民尽其力、物尽其用,路不拾遗、夜不闭户,风调雨顺、无灾无难,社会一派祥和的景象被人们称之为太平盛世。"成康之治"是中国历史上记载最早的太平盛世。西周初姬诵(周成王)、姬钊(周康王)统治期间出现的治世,司马迁在《史记》中记载"成康之际,天下安宁,刑错四十余年不用"。

周成王20岁亲政,大封诸侯,加强宗法统治权力。对内推行周公"明德慎罚"的主张,务从节俭,用以缓和阶级矛盾。对外不断攻伐淮夷,用武力控制东方少数民族地区,取得了很大胜利。

周康王继位后,继续推行周成王时期的国策,进一步加强和巩固统治地位。康王在位期间,国力强盛,经济繁荣,文化昌盛,社会安定。成康时期,是周最为强盛的阶段,故有"成康之治"的赞誉。

**哲学
解读**　　**太平盛世**体现了马克思主义社会基本矛盾理论。马克思主义
哲学认为，生产力和生产关系、经济基础和上层建筑的矛盾是社会
基本矛盾，社会基本矛盾是历史发展的根本动力。这种矛盾运动推动着社会
不断向前发展。

在太平盛世的景象中，可以看作是这些矛盾得到了一定程度的解决或调
和。生产力与生产关系之间达到了相对的平衡，经济基础与上层建筑之间的
关系也相对和谐。这样的状态下，社会能够保持相对稳定和繁荣，人民生活
安居乐业，社会秩序井然有序。

**现实
意义**

❶ 太平盛世是中国人民对美好生活的向往

太平盛世是一种理想的社会状态，它不仅仅是指社会的安定和政治的清
明，更包括经济的繁荣和人民的富足。它强调的是社会的和谐稳定、繁荣富强，
以及人民生活水平的提高和幸福感的增强。

在现实意义上，太平盛世可以被视为一个奋斗目标，引导着社会各个方
面的建设和改进。具体来说，实现太平盛世需要政府、企业、社会组织和个
人等多方面的共同努力。政府需要采取有效的政策和措施，保障人民的权利
和利益，维护社会的公平和正义，促进经济发展和社会进步。企业需要注重
社会责任，积极参与社会建设，为社会创造更多的财富和价值。社会组织和
个人需要积极参与社会活动，尊重他人的权利和利益，维护社会的和谐与稳定。

此外，太平盛世还强调人民的重要性。在实现太平盛世目标的过程中，
需要充分尊重人民的意愿和需求，发挥人民的创造力和智慧，让人民成为实
现太平盛世的主力军。同时，太平盛世也强调需要关注社会中的弱势群体，
保障他们的基本权益和生活需求，使他们也能分享到社会发展的成果。

总之，太平盛世的实现需要多方面的努力与合作。通过政府、企业、社会组织和个人等各方面的共同努力，可以更加接近、逐步实现太平盛世目标，使国家和社会更加和谐、稳定、繁荣和富强。

② 太平盛世是国家治理的奋斗目标

太平盛世是国家治理的奋斗目标。这个目标体现了人们对美好生活的向往，也是国家发展的不懈追求。

历史上，许多统治者和知识分子都以"天下太平""万世太平"作为治国理政的最高理想。在当今社会，太平盛世仍然是国家治理的重要目标，它意味着国家繁荣稳定和人民安居乐业。为了实现这个目标，国家需要制定科学合理的发展战略，加强各方面的建设，提高国家的综合实力和人民的生活水平。同时，也需要注重公平正义、民主法治、文化传承等方面的建设，推动社会的全面进步和可持续发展。

太平盛世也是全体人民共同追求的美好愿景。只有通过共同努力，才能够实现这个目标，创造一个更加美好的未来。

③ 太平盛世是实现民族振兴的重要保障

太平盛世可以为中华民族伟大复兴创造有利的社会条件，提供稳定、繁荣、创新、和谐的社会环境和舆论氛围。

太平盛世强调社会安定和政治清明，可以为经济发展和民族振兴提供有力保障。太平盛世也包括经济繁荣和人民富足，通过实现经济的持续增长和繁荣，可以提高国家的综合实力和国际竞争力，为中华民族伟大复兴提供坚实的经济基础。

经济繁荣可以带动各个领域的发展，从而有效提高人民的生活水平和幸福指数。建设和追求太平盛世可以激发人们的创造力和智慧，推动科技创新和文化繁荣。一个充满活力和创造力的社会可以为国家的发展提供源源不断的动力和支撑，同时也可以提高国家的软实力和文化影响力。

和平共处

🔖 成语出处

朱光潜《谈美书简》："在文艺方面这两大政策的实施不但促进了文艺繁荣，也促进了各民族之间的相互了解、和平共处。"

🔖 成语释义

处：相处。指相安无事地处于同一个环境中。也特指国家之间用和平方式解决争端，在平等互利的基础上发展经济和文化联系。

🔖 成语典故

春秋时期，在周天子的统治下形成了许多小的诸侯国，他们相互之间经常发生战争和冲突。其中，齐国和鲁国是两个相邻的国家，经常因为领土争端而发生冲突。在一次战争中，齐国国君齐桓公和鲁国国君鲁僖公意识到，持续的战争只会给两国带来伤害和破坏，无法解决实质问题。于是，他们决定停止战争，寻求和平解决问题的方式。

齐桓公和鲁僖公相互派遣使者进行外交谈判，经过多次磋商和讨论，最终达成了一项和平共处的协议。根据协议，双方同意互不侵犯对方的领土，保持和平与友好的关系。他们还商定了一些贸易和文化交流的合作项目，以促进两国之间的交流与发展。

哲学解读 **和平共处**体现了马克思主义哲学中的矛盾观。马克思主义哲学矛盾观认为，在复杂事物的发展过程中，存在着很多矛盾，其中在事物发展过程中处于支配地位、对事物发展起决定性作用的矛盾就是主要矛盾，其他处于从属地位、对事物发展不起决定作用的矛盾便是次要矛盾。

主次矛盾相互依赖、相互影响，二者在一定条件下可以相互转化。

和平共处理念虽然强调国家之间的和谐共处，但也认识到国家之间会存在很多矛盾和冲突。这种理念认为，应该通过对话、协商、合作等方式来解决主要矛盾，实现和平相处

现实意义

① 和平共处有利于维护国际和平与安全

和平共处原则强调国家间的相互平等和相互尊重，这是避免冲突和战争的重要前提。当各国都遵循这一原则时，它们更有可能通过和平手段解决分歧和争端，而不是诉诸武力。

和平共处原则鼓励国家间的对话和协商。这种交流方式有助于增进相互理解，减少误解和误判，从而降低国家、地区间冲突的可能性。通过对话和协商，各国可以共同制定和遵守国际规则，为国际社会的和平与稳定提供有力保障。

此外，和平共处原则还提倡国际合作，共同应对全球性挑战和问题。在全球化日益加深的今天，许多问题和挑战已经超越了单一国家的范围，需要各国共同应对。通过国际合作，各国可以共享资源和机遇，在共同开发、友好合作中实现共同发展，从而更好地维护国际和平与安全。

② 和平共处有利于推动全球经济繁荣与发展

和平共处有利于推动全球经济的繁荣与发展。在和平稳定的国际环境中，各国可以更加专注于经济发展，提高生产效率，促进贸易和投资，从而实现经济的快速增长。

和平共处减少了战争和冲突的风险，为各国提供了更加稳定和安全的发展环境。在这样的环境下，企业可以更加安心地进行投资和生产活动，不用

担心资产损失和人员伤亡等问题。

和平共处促进了国家间的经济合作和协调。各国可以通过协商和谈判，共同制定和执行贸易规则和标准，推动全球贸易的自由化和便利化。同时，各国还可以加强在科技、教育、文化等领域的交流与合作，共同推动全球创新和进步。

此外，和平共处还有助于解决全球性的经济问题，如气候变化、贫困、疾病等。各国可以共同应对这些问题，分享经验和资源，推动全球经济的可持续发展。

❸ 和平共处有利于推动全球治理体系的完善和提升

和平共处有助于推动全球治理体系的完善和提升。在和平共处的基础上，各国可以更加积极地参与全球治理，共同制定和完善国际规则和标准，从而推动全球治理体系的不断完善和发展。

和平共处为各国提供了平等参与全球治理的机会。在和平共处的原则下，各国不论大小强弱，都应该被平等对待，享有同等的权利和机会。这使得全球治理体系更加公正、合理和包容，能够更好地反映各国的利益和诉求。

在和平共处的基础上，各国之间开展的国际合作和协调有助于增强全球治理体系的效能和可持续性，推动全球治理体系向更加成熟和完善的方向发展。

此外，和平共处还有助于加强全球治理体系的民主化和透明度。在和平共处的基础上，各国可以更加积极地参与全球治理决策过程，推动决策过程的民主化和透明度。这有助于增强全球治理体系的合法性和公信力，提高全球治理体系的效率和效果。

亲仁善邻

成语出处

《左传·隐公六年》："亲仁善邻，国之宝也，君其许郑。"

成语释义

本义指与仁者亲近，与邻邦友好。

成语典故

春秋时期，隐公六年（公元前717年）五月十二日，郑国出兵攻打陈国，大获全胜。从前，郑庄公希望与陈桓公和解，陈桓公不同意。陈桓公的弟弟公子佗劝谏说："亲近仁者，友睦邻邦，这是国家最宝贵的方略，应该同意郑国的求和才对。"

哲学解读　**亲仁善邻**体现了马克思主义哲学的矛盾观。马克思主义哲学矛盾观认为，矛盾是事物发展的源泉和动力，矛盾存在于一切事物之中，贯穿于每一事物发展过程的始终。

亲仁善邻强调人与人之间或对外交往的和谐关系，这实际上是对人际关系或对外交往矛盾的一种积极处理方式。在人际关系或对外交往中，往往存在着对立和统一两个方面。亲仁善邻的思想倡导通过仁爱和友善来化解对立、实现统一，体现了矛盾的对立统一原理。亲仁善邻能够实现社会的和谐与稳定，有利于国家之间的友好相处。

现实
意义

❶ 亲仁善邻是中华民族一以贯之的处世之道

亲仁善邻作为中华民族一以贯之的处世之道，体现了深厚的历史文化底蕴和独特的国际交往智慧。这一思想源远流长，成为中华民族处理人际关系和对外交往的基本原则。

亲仁善邻的思想内涵丰富，强调了人与人之间的亲近、仁爱和友善，以及国家之间的和平共处和友好交往。它体现了对和谐社会的追求和向往，认为通过仁爱和友善可以化解矛盾、增进理解，实现人与人之间的和谐共处。同时，亲仁善邻也倡导国家之间和平友好相处，避免战争和冲突，共同维护地区和世界的和平稳定。

亲仁善邻的思想在中华民族的历史长河中得到了广泛传承和发扬。无论是在古代还是现代，无论是在国内还是国际舞台上，中华民族都始终坚持亲仁善邻的处世之道。在当今世界，虽然我们面临百年未有之大变局，不稳定、不确定因素增多，但和平与发展永远是历史前进的主旋律。因此，我们需要继续传承和发扬亲仁善邻的思想，通过对话、合作和共赢的方式解决矛盾和问题，推动构建人类命运共同体，实现世界的和平与繁荣。

❷ 亲仁善邻是处理国际关系的重要理念

亲仁善邻是中国处理国际关系的重要理念。这一理念源自中国的传统文化，强调以仁爱之心对待他国，以友善的态度建立和谐的邻里关系。它体现了对和平、合作、互相尊重的国际关系的追求。

中华文明绵延几千年发展所形成的和平性决定着中国与其他国家的交往始终坚持亲仁善邻的基本遵循。中国共产党成立以后，高度重视马克思主义

213

基本原理同中华优秀传统文化相结合,赋予了亲仁善邻新的时代价值和意义。中国大力支持与周边国家的人文交流,广泛开展教育、医疗、文化等各领域的合作交流,架起了一座又一座民心相通的桥梁。"亲望亲好,邻望邻好",中国坚持把与邻为善、以邻为伴、睦邻友好作为我国周边外交的基本方针。

在现代国际关系中,亲仁善邻的理念有助于促进国家间的相互信任和友好合作。通过以仁爱和友善为基础,国家可以建立更加紧密和稳定的国际关系,从而推动国际社会的共同发展和繁荣。

❸ 亲仁善邻是构建人类命运共同体的重要支撑

进入新时代,以习近平同志为核心的党中央深刻把握世界发展大势,巩固睦邻友好,深化互利合作,大力推动我国同周边国家关系全面发展,开创了周边外交工作的崭新局面。

亲仁善邻是中国人民在长期生产生活中积累的天下观、社会观、道德观的重要体现,同社会主义核心价值观主张具有高度契合性。"仁"作为中国儒家文化的核心概念之一,是非常崇高的"全德"。"亲仁"和"善邻"相互呼应、相互补充,"亲仁"是建立"善邻"关系的基础,"善邻"则是对"亲仁"理念的具体实践。可以说这体现了中华民族传统的睦邻智慧与处世之道。

构建人类命运共同体需要各国之间保持友好交往与密切合作,而亲仁善邻的理念正是这种友好交往与合作关系的生动体现。通过加强文化交流互鉴、经济合作互助、政治交往互信等方式,各国可以增进相互理解和彼此信任,共同推动构建更加紧密的国际关系格局。因此,亲仁善邻是构建人类命运共同体的重要支撑之一。

海不扬波

成语出处

西汉韩婴《韩诗外传》卷五记载，周成王时，周公摄政，越裳国来朝，其使臣说："吾受命国之黄发曰：久矣，天之不迅风疾雨也，海之不波溢也，三年于兹也。意者中国殆有圣人，盍往朝之。"

成语释义

比喻天下太平，没有战乱。

成语典故

据记载，周成王时，周公摄政，远在今越南南部的越裳国，派遣使臣前来朝贡，表示敬服，并曾向周公进献白雉为礼，赞颂道："海不波溢者三年矣，意者中国其有圣人乎(海上不见暴风恶浪已有三年了,想必中国出了圣人了)!"旧时认为"海不波溢"是出了圣人、天下大治的吉兆。后来就把"海不波溢"说作"海不扬波"，以比喻盛世，而以"四海扬波"比喻乱世。

哲学解读 **海不扬波**比喻天下太平，没有战乱。海不扬波是矛盾发展过程中和谐状态的一种体现。马克思主义社会基本矛盾理论认为，生产力和生产关系、经济基础和上层建筑的矛盾是社会基本矛盾，社会基本矛盾是历史发展的根本动力。这种矛盾运动推动着社会不断向前发展。

当出现海不扬波的景象时，可以类比为社会生产力与生产关系、经济基础与上层建筑的和谐状态。在这种状态下，生产力得到了充分发展，生产关系也与之相适应；经济基础稳固，上层建筑与之相适应，社会就呈现出一种和谐、稳定的状态。

现实
意义

❶ 海不扬波是中华民族对社会和谐稳定的期盼

海不扬波通常被用来形容海面平静，没有风浪，象征着安宁、和谐与稳定的景象。在中国传统文化中，海洋常常被赋予了丰富的象征意义。海不扬波的愿景，不仅仅是对海面平静的期盼，更是对社会和谐稳定的深深向往。

社会和谐稳定一直是中华民族重要的价值追求。在中国传统文化中，和谐被看作是社会的基石，是国家繁荣、人民幸福的保障。因此，海不扬波的愿景，可以被视为中华民族对社会和谐稳定的期盼和追求。这一愿景不仅体现在古代文人的诗词歌赋中，也深深烙印在中华民族的历史记忆和文化传统中。它激励着人们为了社会的和谐稳定而努力奋斗，不断追求社会的公平正义和人民的共同富裕。

在现代社会，这一愿景仍然具有重要的现实意义。它提醒人们，只有在一个和谐稳定的社会环境中，人们才能够安居乐业，国家才能够繁荣富强。因此，我们应该继续秉持这一愿景，为实现社会的和谐稳定而不懈努力。

❷ 海不扬波是世界人民对国际环境和平安宁的向往

海不扬波的意象是世界人民对国际环境和平安宁的向往。在全球化日益发展的今天，和平友好的国际环境对于世界各国人民的福祉至关重要。当海面平静无波时，航行其中的船只能够安全顺畅地抵达目的地，这正如国际社会在和平稳定的环境下，各国之间能够顺利开展经济、文化、科技等领域的交流与合作，共同应对全球性挑战，推动世界的发展，推动人类文明的进步。

为了实现国际环境和平安宁，各国需要共同努力，通过对话与合作解决分歧和冲突，共同维护国际秩序，让世界各国人民在和平与安宁中共同创造更加美好的未来。

❸ 海不扬波是实现全球和平与发展的重要保障

海不扬波象征的和平景象是实现全球和平与发展的重要保障。一个和平稳定的环境能够为各国提供安全与发展的空间，使得各国能够专注于经济建设、科技创新、社会进步等方面的发展。在这样的环境下，国际合作与交流也会更加顺畅，各国能够携手应对全球性挑战，共同推动全球和平与发展的进程。

为了实现全球和平与发展这一目标，世界各国需要共同努力，加强国际合作与交流，推动经济、科技、文化等各个领域的协同发展。同时，各国也应该尊重彼此的主权和利益，携手前进，为构建一个和谐、稳定、繁荣的世界而努力奋斗。

民胞物与

成语出处

宋代张载《西铭》："民，吾同胞；物，吾与也。"

成语释义

胞：同胞。与：同伙，同类。意为世人都是我的同胞，万物都是我的同类。后指以仁慈为心，泛爱一切人和物。

成语典故

张载是北宋时期杰出的思想家、政治家。他深受范仲淹"先天下之忧而忧，后天下之乐而乐""居庙堂之高则忧其民，处江湖之远则忧其君"的古仁人节操和高尚人格影响，经过10多年的潜心研究，吸收了儒、释、道三家的思想精华，建立了自己的学说体系——关学。民胞物与出自张载《西铭》，意思是天下本是一家，天是我的父亲，地是我的母亲，我是一个渺小的个体。在天地这个父母的大怀抱里，所有的老百姓、所有的人民，他们也是天地所生，不分人种、宗教，都是与我血脉相连的一体同胞兄弟，是令人可亲可怀的至交好友。因此尊老爱幼、帮助弱者既是我们义不容辞的责任，也是我们对天地尽孝的表现。

哲学解读 **民胞物与**体现了马克思主义哲学的联系观。马克思主义哲学联系观强调事物之间的相互影响、作用和相互制约的关系。这一观点认为这个世界是一个普遍联系的有机整体，所有的事物和现象都是相互关联的。

民胞物与的思想强调人和万物之间的紧密联系和相互作用，认为它们之间是相互依存、相互影响的。把自然万物视为人类同伴，主张人与人、人与社会、民族与民族、国家与国家、人与自然万物之间应该保持和谐的关系。

现实
意义

❶ 民胞物与的理念体现了中华民族和谐发展的价值追求

民胞物与的理念体现了中华民族和谐发展的价值追求，更是构建人类命运共同体的重要思想渊源。民胞物与思想秉持天下一家理念，视天地万物为一体，四海万邦为一家。这就启迪所有国家：在国际社会中，要视全人类命运为一体，倡导多边主义，构建和谐世界，共同建设美好世界，在自己发展的同时要充分尊重和顾及其他国家的核心利益，绝不能以邻为壑，置其他国家利益和人类的共同利益于不顾。

民胞物与思想主张把别人当作自己的同胞兄弟，爱别人要像爱自己一样，它倡导将心比心、推己及人、雪中送炭、济人之危、扶人之困，要求人们应当爱亲人、爱他人、爱众人、爱万物、爱天下。

中华民族历来讲求天下一家，主张民胞物与、协和万邦、天下大同，憧憬"大道之行，天下为公"的美好世界。这是对中华优秀传统文化的核心理念之一"和"的思想的一种发展和创新。只有秉持民胞物与的思想理念，视天下为一家，把地球当作人类共同的家园，才能从容应对挑战，从而构建人类美好家园。

❷ 民胞物与的理念有利于人与人之间的平等友爱

民胞物与传达了一种将所有人都视为同胞兄弟，将万物视为同类的思想，强调人与人之间的平等和友爱。这种思想可以引导人们以更加宽容、理解和包容的态度来对待他人，从而促进人际关系的和谐。

民胞物与强调人与人之间的平等性。在人际关系中，平等是建立和谐关系的基础。将所有人都视为同胞兄弟，意味着不论社会地位、财富状况、年

219

龄性别等因素，每个人都应该被平等对待。这种平等意识可以消除社会中的歧视和偏见，促进人与人之间的平等交流和合作。

民胞物与强调人与人之间的友爱和互助。将他人视为同胞兄弟，自然会激发出一种关爱和互助的情感。在面对困难和挑战时，人们会愿意伸出援手，互相帮助，共同渡过难关。这种友爱和互助的精神可以增进人们之间的情感联系，加强社会凝聚力，从而促进人际关系的和谐。

民胞物与还强调一种宽容和包容的态度。在人际交往中，难免会遇到意见不合、观点不同的人。这时，如果我们能够以一种宽容和包容的态度来对待他人，尊重他人的观点和选择，就能够减少冲突和矛盾，促进人际关系的和谐。

❸ 民胞物与的理念有利于人与自然的和谐共处

民胞物与将人与万物视为一体，提倡人与自然和谐相处、共生共荣。这种思想理念对于当今时代的环境保护和生态文明建设具有非常重要的指导意义。

首先，民胞物与强调人类与自然是相互依存的关系。自然界提供了人类生存和发展的基础条件，如空气、水、食物等。人类需要尊重自然、保护自然，与自然和谐共生，才能实现可持续发展。这种思想理念有助于引导人们树立正确的生态观念，增强环保意识，减少对自然资源的过度开发和破坏。

其次，民胞物与提倡一种顺应自然、尊重自然的生活方式。在现代社会，随着工业化和城市化的快速发展，人类的活动对自然环境造成了很大的破坏。而民胞物与的理念则强调人类应该顺应自然规律，尊重自然节奏，减少对自然环境的干扰和破坏。这种生活方式有助于保护生态系统的完整性和稳定性，促进人与自然的和谐共生。

最后，民胞物与还强调一种对自然的敬畏之心。在古代文化中，人们常常将自然视为神圣不可侵犯的存在，对自然抱有敬畏之心。这种敬畏之心有助于引导人们在面对自然时保持谦逊和谨慎的态度，不随意破坏自然环境和生态平衡。

后 记

绵延不绝的历史长河中，中华文明始终在继承创新中不断发展，在应时处变中不断升华，积淀着中华民族最深沉的精神追求，是中华民族生生不息、发展壮大的丰厚滋养。中华优秀传统文化源远流长、博大精深，是中国人民把握历史主动、解决历史问题的思想积淀，构成了中国人民共同的精神家园，是中华文明的智慧结晶。习近平总书记在 2023 年 6 月 2 日召开的文化发展传承座谈会上鲜明提出担负新的文化使命等重大创新观点，而新的文化使命就是要在新的起点上继续推动文化繁荣、建设文化强国、建设中华民族现代文明。

邯郸学院作为一所地方本科院校，在服务地方发展上有责任、有义务将"中国成语典故之都"这张邯郸的城市名片描绘得更加鲜亮、更加多彩，将成语文化中蕴含的中华民族的智慧和创造继承好、转化好、发展好，讲好中国故事，传播好中国声音，阐发中国精神，展现中国风貌。

2024 年 2 月 27 日，成语哲学项目的开篇之作"培根铸魂 启智增慧"丛书第一本《成语典故中的"六个必须坚持"》新书发布会在中国传媒大学举行，得到了新华社、中央广播电视总台、《光明日报》、中国教育电视台、《中国教育报》、《中国新闻出版广电报》等多家国内主流媒体宣传报道。发布会的成功，既充分体现我们在将中华成语文化与马克思主义基本原理相结合的探索上迈出了成功的一步，又扩大提升了学校的影响力和美誉度，更加坚定了我们立足中华成语文化传播习近平新时代中国特色社会主义思想的信心和底气。

作为"培根铸魂 启智增慧"丛书的第二本《成语典故中的"五个突出特性"》是在 2023 年 6 月 9 日，邯郸学院一行赴中国传媒大学拜会姚喜双教授，交流探讨成语哲学研究特色时，恰逢 6 月 2 日习近平总书记在北京出席文化传承发展座谈会时发表重要讲话，姚教授为我们全面、深刻解读了传承和弘扬中华优秀传统文化的新使命和新机遇，指示我们一方面抓紧"六个必须坚持"的编写工作，另一方面同时谋划启动《成语典故中的"五个突出特性"》的编写工作，并建议尽可能在 2024 年 6 月 2 日之前完成此书的出版，以此作为习近平总书记在文化传承发展座谈会上重要讲话精神发表一周年的献礼之作。因此，在《成语典故中的"六个必须坚持"》出版之际，《成语典故中的"五个突出特性"》一书的初稿基本成型。马克思主义学院党总支书记张海军和院长郭岩峰主动担当，积极作为，带领学院班子全员加入项目组，迅速投入《成语典故中的"五个突出特性"》书稿的修改和审校工作中。

本书是以成语文化为切入点，结合学习贯彻习近平总书记提出的"两个结合"重要论述中的"将马克思主义基本原理同中华优秀传统文化相结合"要求，深入挖掘中华成语典故中蕴含的哲理智慧的又一力作，是以中华成语典故为载体，充分发挥成语典故以事喻理、成风化俗的价值塑造力，妙趣横生、家喻户晓的精神传播力，铸魂润心、启智增慧的习俗浸润力，是学习、宣传、推广、普及习近平总书记关于中华文明"五个突出特性"重要论述的重要参考读本。坚持马克思主义基本原理同中华优秀传统文化相结合，就是延续基因、提炼精髓、萃取精华。中华优秀传统文化是中国式现代化道路创新，马克思主义中国化、时代化理论创新的滋养源泉。

本书延续了《成语典故中的"六个必须坚持"》中的板块体例，以中华文明突出的连续性、创新性、统一性、包容性、和平性"五个突出特性"为主线，分别筛选了 12 条与之契合的成语，进行阐释。由于本书内容政治性、历史性、哲理性较强，出版社审核十分严谨，编写过程极为不易。项目组成员齐心协力、无私奉献，主动牺牲节假日，克服繁重的教学任务、家庭因素等诸多困难，按照出处释义核查组、哲学原理审校组和现实意义修订组三组同时开展工作，以集体的智慧和力量破瓶颈、解难题，在紧张的时间内顺利完成了撰写工作。同时，姚喜双教授亲自带领播音主持业界和学界的著名专家、学者同步录制全书音频，其中有贾际、赵若竹等来自中央广播电视总台、中国传媒大学以及邯郸学院的师生们，他们的共同"献声"使本书具备更为丰富的使用场景，满足更多人群的学习需求。

本书的编写得到了各级领导、专家学者和社会各界的高度关注和慷慨支持，在此，我向大家表示衷心的感谢，并致以崇高的敬意。希望通过这本书，让更多的人了解、关注、热爱、学习中华优秀传统文化，坚定文化自信，坚持守正创新，推进文化自信自强。今后，我们仍将加强对中华优秀传统文化的挖掘和阐发，努力推进中华成语的创造性转化、创新性发展，把跨越时空、超越国度、富有永恒魅力、具有当代价值的文化精神弘扬起来，把继承优秀传统文化、弘扬时代精神、立足本国又面向世界的当代中华文明创新成果传播出去。推动社会主义文化繁荣兴盛。与此同时，本书编写的过程也是我们学习提高和成长进步的过程，既促进了团队成员对习近平新时代中国特色社会主义思想的系统深入学习，又促进了对中华成语典故的系统梳理和深入挖掘；既是将中华优秀传统文化引入思政课的一次有益尝试，又是一次运用中华优秀传统文化传播习近平新时代中国特色社会主义思想的一次大胆探索。

由于时间仓促，加之编写成员知识储备、写作水平有限，书内难免有挂一漏万之处，欢迎各位读者批评指正。

2024 年 4 月 14 日